百科通识文库

49

弗洛伊德与精神分析

安东尼·斯托尔 著

尹莉 译

外语教学与研究出版社

北京

京权图字：01-2006-6853

图书在版编目（CIP）数据

弗洛伊德与精神分析 /（英）斯托尔（Storr, A.）著；尹莉译. — 北京：外语教学与研究出版社，2015.8（2016.1 重印）
（百科通识文库）
ISBN 978-7-5135-6505-9

Ⅰ. ①弗… Ⅱ. ①斯… ②尹… Ⅲ. ①弗洛伊德，S.（1856～1939）－生平事迹②弗洛伊德，S.（1856～1939）－精神分析 Ⅳ. ①B84-065

中国版本图书馆CIP数据核字（2015）第198844号

出 版 人　蔡剑峰
项目策划　姚　虹
责任编辑　周渝毅
封面设计　泽　丹
版式设计　锋　尚
出版发行　外语教学与研究出版社
社　　址　北京市西三环北路19号（100089）
网　　址　http://www.fltrp.com
印　　刷　中国农业出版社印刷厂
开　　本　889×1194　1/32
印　　张　7.5
版　　次　2015年9月第1版　2016年1月第2次印刷
书　　号　ISBN 978-7-5135-6505-9
定　　价　20.00元

购书咨询：（010）88819926　电子邮箱：club@fltrp.com
外研书店：https://waiyants.tmall.com
凡印刷、装订质量问题，请联系我社印制部
联系电话：（010）61207896　电子邮箱：zhijian@fltrp.com
凡侵权、盗版书籍线索，请联系我社法律事务部
举报电话：（010）88817519　电子邮箱：banquan@fltrp.com
法律顾问：立方律师事务所　刘旭东律师
　　　　　中咨律师事务所　殷　斌律师
物料号：265050001

百科通识文库书目

历史系列：

美国简史
探秘古埃及
古代战争简史
罗马帝国简史
揭秘北欧海盗
日不落帝国兴衰史——盎格鲁－撒克逊时期
日不落帝国兴衰史——中世纪英国
日不落帝国兴衰史——十八世纪英国
日不落帝国兴衰史——十九世纪英国
日不落帝国兴衰史——二十世纪英国

艺术文化系列：

建筑与文化
走近艺术史
走近当代艺术
走近现代艺术
走近世界音乐
神话密钥
埃及神话
文艺复兴简史
文艺复兴时期的艺术
解码畅销小说

自然科学与心理学系列：

破解意识之谜
密码术的奥秘
恐龙探秘
情感密码
全球灾变与世界末日
简析荣格
人类进化简史
认识宇宙学
达尔文与进化论
梦的新解
弗洛伊德与精神分析
时间简史
浅论精神病学
走出黑暗——人类史前史探秘

政治、哲学与宗教系列：

动物权利
释迦牟尼：从王子到佛陀
死海古卷概说
存在主义简论
《旧约》入门
解读柏拉图
读懂莎士比亚
世界贸易组织概览
《圣经》纵览
解读欧陆哲学
欧盟概览
女权主义简史
《新约》入门
解读后现代主义
解读苏格拉底

目 录

图 目

第一章

生平与个性

1856年5月6日，西格蒙德·弗洛伊德出生于现今捷克共和国普日博尔市的摩拉维亚弗莱堡小城。他的母亲阿玛利（Amalie）是犹太羊毛商人雅各·弗洛伊德（Jacob Freud）的第三任妻子，比雅各小20岁。1859年，在西格蒙德·弗洛伊德3岁的时候，一家人移居维也纳。在之后的79年中，弗洛伊德一直在这座城市里生活和工作，尽管他反复表示过对该城市的嫌恶但又极不愿离开。1938年，为逃避纳粹分子的迫害，弗洛伊德被迫在英国度过他人生最后的时光，于1939年9月23日，第二次世界大战爆发后不久便离开人世。

弗洛伊德的母亲，一位活到95岁的充满活力、魅力十足的女性，在弗洛伊德出生时年仅21岁。之后她又生养了7个子女，但是被她称作“我出色的小西基”的西格蒙德

图1 1938年弗洛伊德与玛丽·波拿巴和威廉·C.布列特去伦敦途中到达巴黎。弗洛伊德的银行账户被纳粹销户、现金被没收，玛丽·波拿巴（希腊乔治王妃）向纳粹支付了弗洛伊德获准离开奥地利所需的金额。威廉·布列特是美国驻巴黎大使，曾与弗洛伊德合著过一本（非常糟糕的）关于美国前总统伍德罗·威尔逊的书。

无疑一直是她的最爱，弗洛伊德认为母亲的这种爱是他建立自信的一个重要条件。弗洛伊德还认为，他后来的成功与他是一名犹太人有直接关系。尽管弗洛伊德从未信奉犹太教，并认为所有宗教信仰皆是虚幻的，但他本人对自己的犹太人身份有很强的意识，从不结交非犹太人的朋友，还定期参加当地犹太社团圣约之子会（B’nai B’rith）的集会，并对他那些被译成依地语和希伯来语的著作不收版税。他认为他能够独立思考正是因为他是犹太人。当他第一次在维也纳大学遭遇反犹太主义抗议时，他写道，不被社会接纳使他远离群体，培养了独立判断的能力。

少年时代的弗洛伊德智力超前，异常勤奋。他连续6年学业在班里名列第一；而且到毕业时，他不但通晓希腊语、拉丁语、德语和希伯来语，而且学习了法语和英语，并且自学了西班牙语和意大利语的基本知识。他8岁时便开始阅读莎士比亚的作品。莎士比亚和歌德一直是他喜爱的作家。从很小的时候起，弗洛伊德就是一个认真、专心的学生，他的家人和老师都期望他能成名，他自己也确信他注定会在知识领域作出重要贡献。全家人的生活都以他的学业为中心。他不和其他家庭成员一块儿进晚餐，而且，因为妹妹安娜练钢琴的声音打扰了他，父母就把她的钢琴搬走了。

1873年秋天，弗洛伊德进入维也纳大学医学系学习，但是直到1881年3月30日才毕业。他最初的兴趣在动物学研究上。从1876年至1882年，他在厄恩斯特·布吕克（Ernst Brücke）领导下的生理学实验室从事研究工作。布吕克是弗洛伊德非常崇拜的生理学权威，并对弗洛伊德的思想产生过巨大影响。布吕克和他的同事们致力于研究在当时并未得到广泛认可的一种观点，即所有生命过程最终都可以用物理和化学来解释，因此从生物学中摈除了宗教和生机论概念。弗洛伊德终其一生都是决定论者，他坚信，所有的生命现象，诸如想法、感觉、幻想等心理现象，都严格地受因果定律的制约。

弗洛伊德当时并不愿意行医，乐于一生从事研究工作。但是1882年，他爱上了玛莎·伯尼斯（Martha Bernays）并与之订婚。如果他继续留在布吕克的实验室的话，他的收入将不可能供养妻子和家庭。弗洛伊德因而不情愿地放弃了他的研究生涯，在接下来的3年中转而在

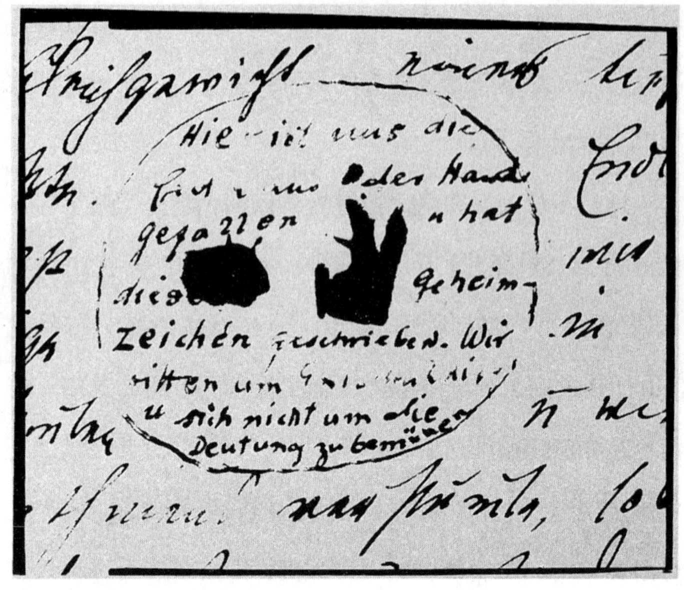
Hie ist uns die
Hand
gefallen u hat
geheim-
Zeichen geschrieben. Wir
bitten um
u sich nicht um die
Deutung zu bemühen

图2　1882年8月9日，（弗洛伊德）在焦虑中致玛莎的信，上面有大团的墨渍——弗洛伊德恳求玛莎不要让他作出解释。

维也纳总医院习医，积累经验，为未来从医作准备。1885年，他被任命为维也纳大学神经病理学讲师。1885年10月至1886年2月，他在巴黎萨尔佩特里埃尔医院跟随著名的神经学家夏尔科（Charcot）工作。夏尔科关于歇斯底里症的研究激起了他对神经官能症问题，而非神经系统的器质性疾病的兴趣。1886年4月弗洛伊德在维也纳开办了自己的诊所，并于同年9月13日与未婚妻成婚。

他们的第一个孩子，玛蒂尔德，于1887年10月降生。之后他们又相继生养了5个孩子，最小的名叫安娜·弗洛伊德，出生于1895年，是弗洛伊德所有孩子之中唯一成为精神分析学家的一个。他的妻子，玛莎，在他们漫长、平静的婚姻生活中心甘情愿地将全部的时间和精力都奉献给了弗洛伊德及他们的6个孩子。从一些信件中我们了解到，他们的性生活较早就开始减少了，但是他们的家庭生活一直保持着和谐。弗洛伊德去世后，玛莎在给一位朋友的信中写道：

没有了他的生活是多么艰难。当身边不再有他的爱和智慧而要继续活下去是多么可怕！想起53年来我们的婚姻生活中没有发生过一次口角，而我一直在竭尽全力消除生活琐事给他事业带来的烦忧，这些令我稍感安慰。

从19世纪90年代中期开始，弗洛伊德的生活开始成为精神分析的发展史。1895年，他与约瑟夫·布罗伊尔（Josef Breuer）合作完成的《歇斯底里症研究》问世了。鉴于弗洛伊德对当代思想的影响及需24卷书方可尽言的他

图3　1885年弗洛伊德和他的未婚妻玛莎·伯尼斯在他们的订婚仪式上。

对精神分析的巨大贡献，他的首部精神分析论著于39岁时出版是着实令人惊叹的。

什么样的个性使一个人仅用半生的时间就能成就如此之巨？大多数取得杰出智识成就的人都表现出精神病学家称之为强迫性的一些特质，即小心翼翼、一丝不苟、力求精确、为人可靠、诚实，而且非常注重清洁、控制和秩序。只有当这些优秀的品质被过分夸大时才会表现为强迫性神经官能症，这种神经系统紊乱性疾病根据严重程度不同，轻者会强迫性地不断进行检查和再检查，重者会由于太过被各种程式所左右而无法正常生活。

弗洛伊德承认他本人具有强迫性特征。他对荣格（Jung）说，如果他患有神经官能症的话，则是强迫性那种。他智力的超前及他从少年时代开始对学业及工作一如既往的全心投入都是强迫性特征。他在给朋友弗利斯（Fliess）的信中写道，他需要一种“主导一切的激情”。他声称他不能想象没有工作的生活。对他而言，创造性想象与工作紧密相连。他是一位极为多产的作家。他的大部分写作都是在周日进行的，或者是在结束了一天八九个小时非常劳累的分析治疗工作之后于深夜完成的。尽管他夏

图4　1913年弗洛伊德在多洛米蒂与女儿安娜在一起。

天会去度个长假，在度假时他是一个充满活力的徒步运动者，但在工作的时候，他很少放松休息。

和大多数具有此类性格的人一样，弗洛伊德的衣着和外表极度整洁，即使在早期生活困窘时，他也艰难地保持着仪容整洁。在他给威廉·弗利斯的信中显示，有一个理发师每天来为他打理仪容。弗洛伊德体现了这类性格的人身上最宝贵的品质：谨慎、自律、诚实及对真理的热切追求。弗洛伊德将强迫性性格描述为“极**有条理**、十分**节俭和倔强**”（《弗洛伊德全集英文标准版》，IX. 169）。他做事有条不紊，为人倔强；在他早年生活极端困顿，经济上需依靠如约瑟夫·布罗伊尔等朋友的资助时，他生活非常节俭。他一直崇尚简朴。据厄恩斯特·约内斯（Ernst Jones）透露，他只有不超过3套外套，3双鞋子和3套内衣。在后来的岁月里，他不能忍受欠任何人钱；并且，尽管他收取有钱人高额诊疗费用，但他给予贫困者以慷慨的经济资助，这其中包括他的病人、亲属和穷困潦倒的学生。

他也受到了和强迫性性格中那些宝贵品质密不可分的紧张感的折磨。他对数字抱有一种迷信态度。在一封给荣格的信中（1909年4月16日），他透露说，多年来他坚信他将死于61岁或62岁。1904年，他与他的兄弟去了希腊，他描述这次行程时写道：这“太离奇了”，61或62两个数字总是和1或2联系在一起。他在雅典的旅馆房间号是31，即62的一半。他告诉荣格他的这种强迫性想法开始于1899年。

> 那时发生了两件事。第一，我写了《梦的解析》（后来拖到1900年出版），第二，我得到了一个新的电话号码，一直使用至今：14362。很容易看出这两个事件的共同因素。1899年当写《梦的解析》的时候我43岁。因此有理由断定，其他的数字象征着我生命终结的时刻，即61岁或62岁。
>
> （《弗洛伊德–荣格信件》，219）

这些迷信想法通常与强迫性程式和对死亡的着迷相结合，在强迫性神经官能症病例中较普遍。厄恩斯特·约内斯注意到，与很多其他创造性天才类似，弗洛伊德在怀疑和轻信之间特别摇摆不定。尽管弗洛伊德并不相信19世纪末期诱惑了许多科学家的灵巫术和唯灵论，但他确实对数字的超自然意义抱有非理性的坚信，对心电感应也不乏热情。

弗洛伊德还表现出其他一些强迫性习惯和特质。例如，他是个强迫性吸雪茄成瘾者。1893年到1896年期间，他患有周期性心律不齐，这可能部分是由吸烟引起的。他发现自己长时间戒烟是不可能的。在他67岁的时候，他的上颚发生了癌变，反复发作，伴随余生，实施了30多次手术。尽管他知道，是吸烟产生的刺激导致了病症的复发，他还是不能放弃这个习惯。强迫性个性的人拥有极强的自我控制，这通常使他们显得十分拘谨、不够自然，弗洛伊德也是如此。但是抽烟这件事是他的致命弱点，是他行为中具有强迫性、无法掌控的一部分。

弗洛伊德的收藏习惯也很有特色。他的古典研究、对罗马的浪漫向往，和对人类远古历史的兴趣共同激发了他对古董收藏的热情。他的维也纳公寓照片及在汉普斯特德20号梅尔斯菲尔德花园重建后的公寓（现为弗洛伊德博物馆）照片都展示了他的古雕像收藏。这些收藏品密密麻麻地摆满他的书架及写字台，以至于其中任何一件都不能尽显其作为艺术藏品的美感。这不是一位鉴赏家的艺术品展示，而是一个强迫性收藏者的展示，他的兴趣不在于体验美而在于收集。弗洛伊德本人也意识到，他对这些物品的兴趣，就像他对雕塑的兴趣一样，源于其背后的历史联想及其承载的情感与智慧，而非其美学特征。在《米开朗琪罗的摩西》一文中，他坦率地承认了这一点，这篇文章体现了弗洛伊德对那些也许会逃过大多数观察者眼睛的微小细节的细心关注。这种对细节的密切关注也体现在他对患者的症状、梦境和其他心理素材的临床解析方面。

弗洛伊德对文学有着浓厚的兴趣。弗洛伊德本人文风之卓越早在他的少年时代就得到认可。1930年，他成为法兰克福市颁发的歌德文学奖的第四个获奖者。弗洛伊德著作集中，对歌德和莎士比亚的参引要多于对任何精神病学家的引用。他对音乐的欣赏仅限于歌剧——那种对不擅长音乐者最具吸引力的音乐表演形式。他的一个侄子把他描述成一个轻视音乐的人。

弗洛伊德拘谨、克制的个性在他的自传当中也得到了反映，自传内容几乎完全集中在精神分析的发展上，对个人生活鲜有披露。早在1885年，他曾致信给他的未婚妻，告诉她他已经毁掉了过去14年中的笔记、信件和手稿。并

图5　弗洛伊德的部分古雕像收藏。

预见性地补充说，他并不想让未来给他写传记的人轻易获得素材。弗洛伊德，这个毕生都在探索人们设法深藏的私密的人，却极其不愿意披露他自己。

在他的临床工作中，弗洛伊德像一名精神分析师应该的那样，亲切而包容。然而，他的和蔼可亲并不是基于他对人类的任何高远的期望，他对人类的态度是嫌恶、冷漠超然而非关爱。在一封信中他写道：

> 总体上我从人类身上鲜有发现“好的”东西。根据我的经验，大部分都是糟粕。
>
> （《精神分析与信念》，61-62）

一个分析对象记录道，弗洛伊德是

> 那样令人惊异地客观……他如此专注于正在进行的调查，以至于他本人仅充当着一种工具。

他身边亲近的人敬仰他，不仅因他的智慧和深厚的文化底蕴，而且因他的正直和勇气。也许他很难让人即刻感

图6 弗洛伊德的最后居所入口，位于伦敦西北3区梅尔斯菲尔德花园20号，现为弗洛伊德博物馆。

受到热情和温暖。在（1907年9月2日）给荣格的信中，弗洛伊德写道：

我总觉得在我的性格、思想和讲话方式中，有某种东西让人奇怪和排斥，然而人们却都向你敞开心扉。如果像你那样健康的人都认为自己是歇斯底里类型的人，那我只能称自己为“强迫型”的人，每个这样的人都在自己封闭的世界里，单调乏味地生活。

（《弗洛伊德-荣格信件》，82）

弗洛伊德的诚实促使他在一生中几次根本性地修改了他的思想；但他这样做几乎都是因为他有了新的洞见，而不是因回应他人的批评的需要。当弗洛伊德得出某个结论时，他不能忍受不同意见，这种执拗导致了他的一系列合作者及追随者的背离，这成为精神分析发展史上的憾事。弗洛伊德视这些背离为背叛，而非思想上的分歧。第一个与他疏远的合作者布罗伊尔对福雷尔（Forel）这样写道：

“弗洛伊德的思考和表述往往是绝对的和排他的……这是一种精神需要，在我看来，这种需要导致了过度概括。”

布罗伊尔在这两点上都是正确的。在对待人性的脆弱面，弗洛伊德体现了非同寻常的宽容。这使人们对神经官能症、性偏离和其他形式的情感不适采取了更文明的态度，因此是弗洛伊德最宝贵的遗产。但是，在精神分析早期发展阶段，他不允许与他关系密切的人质疑他独创的心灵新科学中那些他所谓的基本的、绝对的原则，这不但导致了他与布罗伊尔和弗利斯的破裂，而且致使阿德勒（Adler）、施特克尔（Stekel）、荣格、兰克（Rank）等人与精神分析运动分道扬镳。

布罗伊尔关于“过度概括”的说法也是很有根据的。弗洛伊德是个大胆的、有独创精神的思想者，但是他发明的精神分析疗程的性质和长度，意味着他对人性的结论是基于对很小的人类样本进行分析而得出的。弗洛伊德的病人主要来自上层或中上层社会，而且，作为早期精神分析理论最初基础的那种女性严重转换型歇斯底里症，现今已十分罕见。

过度概括对所有独创型思想者都具有诱惑力，他们通常因为爱上自己的想法而过高估计了它们的价值。也许，新的、不受欢迎的想法将永远无法赢得人们的注意，除非其创造者坚信它们是对的。弗洛伊德不仅确信他发现了有关人类的新事实，而且他还是一个非常有说服力的作家，在写作过程中，他努力预测并设法应对读者对他的理论可能提出的种种批判，这是一种审慎的、让人消除疑虑的技巧。他能预料到，而且也经常遇到敌意和怀疑。但是他的写作技巧和他对自己理论正确性的笃信，最终使精神分析成为整个西方世界都认真看待的具有深远影响的学说。

除了对新思想的高估以外，过度概括的产生还有另外一个原因，它源于强迫性个性思想者们具有的一种典型的欲望或需求。他们的心理模式是建立在对秩序和控制的需求之上，因此他们倾向于找寻一种吸引他们的综合思想体系，以对人类的存在作出接近全面的解释，从而使人类有望通过获取新认识来实现控制自己和外部世界的目的。很多伟大的哲学家，如康德（Kant）和维特根斯坦（Wittgenstein），都属此类人，他们创建了自己的体系，不理会他人的思想，通常不能从阅读其他哲学家的著作中受益或得到愉悦。

弗洛伊德声称自己是一名科学家，在专业意义上他显然不是一名哲学家，他对哲学没有特别的兴趣，尽管在年轻的时候他曾翻译过约翰·斯图亚特·密尔（John Stuart Mill）的一部著作。不过，在创建思想体系方面，他与一些哲学家们有类似之处。在精神分析形成之初，它摆脱了咨询室的狭窄局限，涉猎人类学、社会学、宗教、文学、艺术和超自然领域。如果它不是一种哲学体系的话，至少是一种世界观；将神经官能症的治疗方法拓展为一种审视人性的新方法是源于其创立者的心理需求。

弗洛伊德斥宗教为幻觉，但是他又需要某种系统的方法对世界进行前后一致的解释。他将自己创立的体系称为科学；但是精神分析不是一门科学，也永远不能成为物理和化学意义上的科学，因为它的假设是回顾性的，不能用于预测，而且大多数假设没有最终证据的支持。弗洛伊德决定论的姿态和认为精神分析是一门科学的坚决主张，使他的发现在波佩尔（Popper）等哲学家和梅达沃（Medawar）等科学家们的眼中大打折扣，以至于这些人不能充分领悟作为一种解释体系和观察人性的方法的精神分析所具有的重要价值。一部简短的著述难以尽述弗洛伊德思想的各个方面。在以下章节中，我力求借助现代知识，评述他更为重要的理论。

第二章

从创伤到幻想

1885—1886年间，弗洛伊德在巴黎的短暂停留对他的思想产生了深远影响。夏尔科多年来一直研究催眠术，目的是发现一种诊断技术，以区分由中枢神经系统的器质性疾病导致的麻痹与歇斯底里性麻痹，即起因为神经疾病的麻痹。夏尔科向弗洛伊德证明，思想虽然是无形的，但是可能成为神经官能症的起因。当一个病人患上了歇斯底里性麻痹后，麻痹的类型并不取决于解剖揭示的事实，而是取决于病人对解剖的错误**想法**。病人并未患上由某个外围神经损害而造成的麻痹，但他却显现出某个肢体的瘫痪，这与他本人认为他的腿或臂的起点和终点的位置是相对应的。夏尔科证明，这样的麻痹可以通过催眠治疗治愈和再次人为引发。

弗洛伊德从夏尔科那里了解到，要了解歇斯底里症，

图7　1887年J.M.夏尔科通过实验论证一个病人在催眠状态下的歇斯底里症状。A.吕拉根据安德烈·布鲁耶的画作制作的雕板。

图8　1885年前后，青年时的弗洛伊德。

必须从心理学而不是神经病学入手。因为病人从催眠诱发的迷睡状态醒来后，不能回忆起催眠过程中他们被建议做了什么，因此催眠实验也让弗洛伊德意识到，潜意识里出现的心理过程可能对行为产生强大影响。

弗洛伊德因此在治疗神经官能症患者时采用了催眠法，并一直沿用至1896年。但是他并不只是把催眠法当作给予积极健康暗示的一种手段。催眠法的第二个也是更重要的方面源自弗洛伊德的朋友兼同事，约瑟夫·布罗伊尔的发现。约瑟夫·布罗伊尔在治疗他的著名病例，安娜·欧（贝尔塔·帕彭海姆）时发现，如果她能回忆起某个歇斯底里症状首次发作的时刻，并重新体验一遍当时的情感，那个症状就会消失。布罗伊尔将该方法命名为精神宣泄法。因此，催眠术逐渐被用来促使病人回忆起某些症状被忘却的起源。它成为一种调查方法，而不是通过暗示对症状进行直接治疗。

弗洛伊德和布罗伊尔希望所有神经官能症症状都可以用这种实际上很简单却要花很大努力的方法治愈。他们在首篇文章《歇斯底里症研究》中写道：

我们发现，最初这也令我们感到无比惊讶，当我们成功地将引发症状及产生情感影响的那个事件的记忆重新追回，当病人将整个事件及其后果极尽详细地描述之后，那个歇斯底里症状便立刻、永久地消失了。

以下是布罗伊尔和弗洛伊德的一句名言：

歇斯底里症患者主要经受的是回想的痛苦。

（《弗洛伊德全集英文标准版》，11.6,7）

这些回想是一些特殊类型的回想。首先，它们是有意识的回忆难以触及的。病人只有在被催眠的状态下；或者如同弗洛伊德后来发现的当病人被权威地告知有这样一种记忆存在并可以被追回，在医师的手触压他的额头的刹那，这些记忆便会重现。第二，这些回想毫无例外都是令人痛苦、羞耻或心惊的回想。于是推断一定存在某种精神机制，它倾向于将不愉快的记忆从意识中驱逐，并使它们相对难以触及。弗洛伊德称这种机制为**压抑**；压抑，作为第一种“防范机制”，成为神经官能症精神分析理论的基石。弗洛伊德假设，在头脑内部存在一种**冲突**——力图进入意识里、寻求释放的情感（自觉感情）与因厌恶而拒绝接受或面对它的头脑的另一部分之间的冲突。

弗洛伊德假定，被否认的压抑情感因为得不到直接释放而导致了神经官能症的发生。弗洛伊德将这种心理状态类比为尚未在体表出现的疖子或脓肿，因为没能到达身体表面而无法释放它包含的毒素。这种对神经官能症“外科手术式”的观点对于作为医学家的弗洛伊德一定很有吸引力。它隐含的意思是，那种引发神经官能症、被否认了的情感可以被视作一个异物、一个外来入侵者，它不是病人个性中的一部分，因此应该被切除。

对于歇斯底里症，弗洛伊德断言，被否认的情感转变成了一种身体症状，故称“转换性歇斯底里”。很多情况下，身体症状以象征的形式表达病人的感受。因此，喉咙收缩可能表达的是不能吞咽某种耻辱，心区的疼痛可能意指病人的心灵（在比喻意义上）曾破碎或受伤。在其他一些神经官能症病例里，有很多种症状，如强迫症和恐怖症，都源自那种力图以间接的方式得到释放的被压抑的情感。

最初，弗洛伊德认为被压抑的情感总是与创伤相连，即与一些病人希望忘却的不快事件相关。这种观察对于现今称为“创伤后压力障碍”的疾病来说，仍然是正确的。病人在侥幸逃脱死亡、突发事故或酷刑等恐怖经历后会患上种种神经官能症状。就像那些治疗战后神经官能症的医师反复证明的那样，帮助病人重现这些记忆、回忆当时的细节、释放或发泄伴随这些经历的担忧和恐惧，确实取得了有益的效果。

后来，弗洛伊德将此概念进行扩展，把要么可能是由外界刺激唤起，要么可能是由病人内心自发产生的寻求释放的本能冲动包括在内。在一个较早的病例中，一位女孩发现自己如果不小便几次，就无法离开房间或接待客人。弗洛伊德将这一症状溯源到某一次女孩在剧院，发现自己被一名男性强烈地吸引，经历了生殖部位的强烈刺激，使她想要小便而不得不离开了剧院。从那以后，她害怕再次经历那种强烈的刺激，因此无法控制膀胱的恐惧替代了她对爱欲冲动的恐惧。重现她的症状源起的记忆，并使她认识和接受自己的性欲，治愈了女孩的疾病。

当时弗洛伊德还提出，有一类神经官能症直接是由未获满足或不完全的性欲冲动释放而引起。这种不完全的释放是因为手淫、性交中断或者单纯的性欲节制等导致。弗洛伊德将这些状态称为“实际神经官能症”，源于德语中的*aktuelle*，意为“现实的”。用正常的性活动取代先前的做法就足以治愈这种疾病。

即使在精神分析发展的最初阶段，人们也可识别出一些后来对弗洛伊德产生影响的思想。第一，除了“实际神经官能症”病例之外，过去的情感都是现在问题的起因；第二，这些情感毫无例外地都是令人耻辱、痛苦和恐惧的，因此遭到否认和压抑。弗洛伊德一直认为，心灵生活的主导原则要求机体通过完全释放所有紧张情绪而达到一种平静状态（后来被称作涅槃原则）。其基本假设倾向于否定地看待所有强烈的情感，将其视作必须被消除的烦乱，而不是看作要追寻的快乐。根据弗洛伊德的理论，幸福感是满足了所有需求、消耗了所有激情之后获得的。在这里，没有“对刺激的需求”，没有当人类处于一成不变、鲜有外界信息的环境中或者当在平静的状态下生活太久而感到怠倦时去找寻情感和智力刺激的需求。

弗洛伊德接下来断言，在许多歇斯底里症状中，创伤虽然表面上触发了症状，但是它的影响通常太微小不足以成为决定因素。弗洛伊德宣称，当前的创伤唤醒了更早的创伤记忆，正是当下的创伤与过去的创伤结合在一起才构成了触发病症的真正原因。在一篇基于1896年在维也纳演讲的早期论文里，弗洛伊德断言：

> 没有任何歇斯底里症状仅仅是由一次真实经历引发，事实上，在每个病例中，被唤醒的对相关过往经历的记忆也是导致症状出现的因素。
>
> （《弗洛伊德全集英文标准版》，111.197）

弗洛伊德随后发表了一个重要言论。在分析了18例歇斯底里症病症之后，他断言：

> 无论我们的分析始于何种病案、何种症状，最后我们肯定会回到性经历方面。
>
> （《弗洛伊德全集英文标准版》，111.199）

在同一篇论文中，弗洛伊德继续写道：

> 因此我提出我的观点，即在每一例歇斯底里症的最深处，都有一次或多次未成熟的性经历。这些经历发生在童年的最早期，但是可以通过精神分析的方法跨越岁月在脑海中重现。我相信这是一项重大发现，是神经病理学领域中源头性（caput Nili，尼罗河的发源地）发现。
>
> （《弗洛伊德全集英文标准版》，111.203）

哈佛大学心理学教授罗杰·布朗（Roger Brown）注意到，这是弗洛伊德为他的病源理论提供数字证据的最后一次尝试。并且即便在此情况下，他也没有论及对照检验。虽然如此，弗洛伊德继续宣称他是一名科学家。

弗洛伊德的发现使得性欲情感成为主要情感，一旦它被压抑，就会成为诱发神经官能症的起因。尽管他承认在歇斯底里症当中还涉及其他情感，例如对难以“下咽”的侮辱的憎恨会导致喉咙收缩，但是性欲而非侵犯性的敌对情绪一直是他多年来的主要关注对象。因此认为精神分析主要与性有关的普遍看法是很有根据的，尽管精神分析事实上涉及到这种普遍看法之外的更多内容。对弗洛伊德来说，性特别适合作为精神分析理论的中心，因为它不但能产生强大的、通常由于被否认而遭到压抑的情感，而且能弥合身体和心灵间的差异。这是因为性与很多心理活动相关，如思想、幻想、梦，但又显而易见和身体相关，无论是从它的荷尔蒙起因还是最终表现形式来看。弗洛伊德恪守在布吕克的实验室受到的训练，继续希望为神经官能症最终找到物理源头，尽管1897年他已经放弃了将神经官能机制与脑解剖和生理学联系起来的尝试（所谓的“科学心理学计划”）。在1908年4月19日致荣格的信中，他写道：

> 在性过程中我们有不可或缺的“器官基础”，没有此，一个医生在面对精神生活时将不知所措。
>
> （《弗洛伊德-荣格信件》，140-141）

弗洛伊德越来越坚信，神经官能症患者的主要特征就是缺乏正常的性生活，而性满足是幸福的关键。这暗示说，健康的人可以在反复的、满足的高潮中释放他们的性欲冲动造成的紧张，从而反复体验上文提到的那种没有紧张感的涅槃状态。

弗洛伊德起初曾下结论说，在歇斯底里症中，成人对儿童的引诱造成了婴幼儿时期神经官能症的核心问题——性发育不全。这里通常是指父亲对女儿的引诱，如弗洛伊德在《歇斯底里研究》中描述的卡塔琳娜病例，尽管患者最初是以“舅舅”之名来掩盖“父亲”是引诱者的事实。弗洛伊德意识到，不是所有被引诱过的儿童都会变成神经官能症患者，但是他坚持认为，这是因为他们保留了对那次创伤经历的有意识的回忆；而那些后来变成神经官能症患者的人正是压抑了这种经历。弗洛伊德喜欢概括的倾向使他得出以下结论：他的所有病人在童年时代都经历过性引诱。对于这个结论，某些情况下他的病人愿意承认，但是如同弗洛伊德自己也意识到的那样，或许因为他太过坚信这一点，而将这种观点强加给了病人。

有三个原因促使弗洛伊德后来放弃了引诱理论。第一，尽管成人对儿童的性引诱无疑是发生过的，但是随着他诊断的病案的逐渐增多，他发现这并不是频繁出现。第二，如果成为事实的引诱是促使歇斯底里症状出现的、不可避免的先兆因素的话，那么弗洛伊德就得被迫得出结论，他的父亲也应该为做过同样的事而负责，因为他的兄弟姐妹身上也发现了一些歇斯底里症状。第三，在自我分析中，弗洛伊德对性幻想的重要性越来越关注。例如，他承认自己在幼年，当看到母亲裸体时曾对她产生过爱欲。他得出结论说，很多病人都描述过被父母引诱的性幻想，而不是回忆真实发生过的事件。

这是弗洛伊德思想的一个重大转变。像他自己陈述的那样，这一转变引发了如下结论：

> 神经官能症状并不直接与实际的事件相关，而是与一些幻想有关，就神经官能症而言，心理现实比物理事实更为重要。
>
> （《弗洛伊德全集英文标准版》，XX. 34）

从那以后，精神分析从试图发现一系列导致神经官能症暴发的事件，转向探索病人想象中的世界，尤其是在童年时代曾经出现过的幻想世界。神经官能症的医学模型几乎消失了，尽管弗洛伊德依旧相信病人症状的产生与性紧张相关，是这种紧张遭到抑制，没有得到适当释放的结果。

面对苦心构建的假设瓦解是需要勇气的。弗洛伊德对引诱学说的摒弃，起初被视作是诚实的表现和对真理坚定不移的追求而被广为传颂。J.M.马森（J. M. Masson）是弗洛伊德与弗利斯来往信件的编辑者和翻译者，他在一本书中曾质疑弗洛伊德的诚实。他声称，弗洛伊德有意隐瞒他在儿童性引诱方面的发现，是为了不进一步引起已经被他激怒的精神病学家的义愤。这和我们从与弗洛伊德关系密切的人那里了解到的弗洛伊德的品性不符，所以对马森的指责可以置之不理。不过，近年来精神病学家及其他专家已经意识到，儿童受到的性引诱远比当时认为的要普遍得多；尽管这种引诱并不像弗洛伊德最初假设的那样，一定会引发歇斯底里症状，但是它通常确实会对当事人日后的情感调适造成可怕的后果。

精神分析师们很可能低估了实际生活中性引诱发生的普遍性，他们将病人对真实事件的准确报告处理为幻想记忆。没有人知道儿童时代的性引诱到底有多普遍；但是无疑，公众们对谈论这类事件的容忍度的逐步提高，及使儿童得以私下向家庭以外能够理解他们的成人述说性侵犯的机构的设立，已使很多先前没有得到报告的案例为人知晓。

对病人内心幻想世界的专注已经导致精神分析师们不但忽视了性引诱的严重性，而且忽视了其他影响人们生活的真实事件和情境。就像我们将会看到的，这是约翰·鲍尔比（John Bowlby）等批评家们对“传统”精神分析提出的批判之一。但是弗洛伊德对幻想的重要性的认识是精神分析理论构建过程中的一个里程碑。他意识到，被压抑的并不通常是对实际发生过的创伤事件的记忆（尽管这种情况当然可能存在），而是以幻想形式表现出的本能冲动。在此基础上，弗洛伊德构建了他的婴儿性欲和原欲发展理论，及他对梦的解析。

第三章

探索过去

婴儿性欲的发展

弗洛伊德对引诱说的舍弃并没有影响他对神经官能症与性功能障碍密切相关的坚信，也没有动摇他认为神经官能症的病源要追溯到早幼时代这一信念。但是，他没有继续将注意力集中在创伤事件上面，而是转而研究儿童的性欲和情感发展，并指出，成年后出现的神经官能症是由于儿童的性欲发展在身心尚未发展成熟的某个阶段部分遭受阻碍的结果。如他自己陈述的那样：

> 一套理论开始形成。它阐明，神经官能症患者的性欲还停留在、或者被带回到了一种婴儿状态。
>
> （《弗洛伊德全集英文标准版》，VII. 172）

与他提出的心理过程应尽可能以“不可或缺的器官基础”来描述的要求相一致，弗洛伊德以身体部位，而不是以感知、认知、学习、或依附等方式，描述了他的关于婴儿性欲发展阶段的理论。在生命的第一年里，婴儿身体的满足集中在嘴部，这是“口欲期”。大约从1岁到3岁，肛部取而代之。随之而来的是“生殖器期”，在此阶段阴茎和阴蒂成为原欲投入和自慰活动的焦点，尽管幼儿还不能与他人完成生殖器交媾。在最后的“性征期”阶段，个体已经具备与异性之间建立完全满足的性关系的能力，这个阶段要到青春期之后才能到来，甚至在拥有最成熟性格的人身上都能发现原欲发展的早期痕迹。

在弗洛伊德关于婴儿性欲发展的最初陈述中，其重点放在了**自体情欲**上面，即婴儿关注自己身体的变化，而不是与他人关系的变化。弗洛伊德认为，幼儿在“口欲期”会短暂地依恋母亲的乳房，但是门欲本能随即使婴儿脱离乳房，转而在吸吮手指和咀嚼等活动中获得满足。尽管弗洛伊德继续认为创伤事件是形成障碍的一个原因，但他将婴儿的发展描绘为一种内在过程，仅与母亲或保姆之间的交流有细微的关联。弗洛伊德直到晚年才开始认识到婴儿与母亲之间关系的重要性。在此之前，母亲的角色主要被认为是满足婴儿需求，缓解令其感到危险的紧张情绪。母亲没有被视作除了与婴儿交流情感、缓解其紧张情绪之外还能提供激励和学习机会的人。

弗洛伊德将婴儿性欲描述为“多形性反常”，即松散地由一些子本能组成，它们最初趋于独立存在，但后来合并成为成年人的性欲。这些子本能包括性虐待和受虐待冲动、同性恋兴趣、裸露癖和窥淫欲及恋物症。所有这些子本能在正常人身上都能找到痕迹，但在神经官能症患者身上特别突出。弗洛伊德当时认为，神经官能症状是早年某些反常的**性欲**冲动遭受压抑的结果。由于这种早期的压抑，神经官能症患者的性欲一直处于未成熟状态。当一个或另一个子本能被夸大但未被压抑时，该人即会成为性变态，即他在现实生活中表现出反常性倾向。因此，神经官能症患者和性变态的心理和情感都是在性欲发展的早期就已固结，只是他们应对固结的方式不同而已。正是基于这个观察，弗洛伊德作出了以下著名的论断：

> 神经官能症，可以说是性变态的底片。
>
> （《弗洛伊德全集英文标准版》，VII. 165）

19世纪末，很多研究者都对人类性活动中的古怪行为感兴趣；但是弗洛伊德在说服医生和公众相信性变态是一种精神性欲发展的失调，而不是“遗传污点”或“堕落”的表现方面最具影响力。他尤其强调男人和女人都具有的双性特征。

在有些人身上，早期原欲发展的痕迹一直如此之深，以致于人们习惯称之为“口欲”或“肛欲”性格。口欲性格的特质主要由弗洛伊德的弟子卡尔·亚伯拉罕（Karl Abraham）进行了总结研究，而弗洛伊德本人的研究则集中在肛欲性格上，就像人们从第一章中对他的性格介绍里可以预测到的那样。没有人对生殖器欲性格特点特别关注，但是里克罗夫特（Rycroft）在他的精神分析学字典里，将生殖器欲性格解释为：

> 这种性格的人将性行为看成性能力的展示，这与“性征期”性格相反，后者将性行为看作是一种关系中的参与。

在多种口欲性格特征中，被动、依赖和对自我能力的怀疑常联系在一起。这些特质通常在反复发作性的忧郁症患者身上出现。一些体现这些性格特征的人也具有其他“口欲”习惯，例如吸吮手指、暴食、过量吸烟、酗酒。这些行为模式被精神分析师们认为是对早期被迫脱离母亲乳房的失落感的一种补偿。在性变态身上，对**舔阴**和**吮吸**阴茎，甚至对亲吻的特殊偏好，都可能是持续口欲型精神病理的证据。但是还没有强有力的证据证明脱离乳房与后来的口欲行为或特征相关。最好是将口欲行为看作是一项有价值的临床观察病案，对它的起因不作特别的结论。

“肛欲”性格也是如此。对秩序和整洁的格外偏好被认为是对抗与粪便相连的肮脏与混乱的“反向形成机制”。固执被解释为源于对父母坚持排泄只能在某个特定环境下进行的要求的一种反抗；吝啬被解释为与婴儿渴望体会尽可能长地忍住粪便所带来的快感相关。如弗洛伊德从神话、童话和公众演讲中所发现的，金钱和粪便经常被用在诸如“肮脏的钱财”、“抠门儿”等短语中。在性变态而非神经官能症患者身上，很容易看到他们对排泄和肛门的偏好，例如在萨德（Sade）的《索多玛120天》中描述的那样。

在对强迫性神经官能症和“肛欲”性格特质的形成是

否与严厉甚至古怪的如厕训练相关这一问题的研究中，前后一致的因果联系尚未找到。但是弗洛伊德描述的相互关联的特质，确实在现实中时常同时出现。尽管弗洛伊德对原因的解释很少得到支持，他的临床观察和描述是十分准确的。

俄狄浦斯情结

我们现在来谈一下令人困惑的俄狄浦斯情结和儿童失忆问题，以及所谓的潜伏期。潜伏期被认为是继俄狄浦斯阶段后出现的。弗洛伊德俄狄浦斯情结理论的形成源自他的自我分析。在1897年10月15日致弗利斯的一封信中，弗洛伊德写道：

进行自我分析是我目前最为重要的事，如果它能实现目标的话，将是我最有价值的财富……但这绝非易事。对自己做到完全诚实是一项很好的训练。有一个具有普遍价值的想法在我的脑海中浮现。我发现，我爱我的母亲而嫉妒我的父亲，现在我把这件事情视作儿童时代早期的一个普遍现象，尽管对患上歇斯底里症的儿童来说它发生得并不早。（类似于妄想症中对出身[家庭韵事]的杜撰——英雄，宗教的创立者。）如果情况如此的话，那么我们就能够理解俄狄浦斯不顾理性对命定之事的所有反对而展现出的攫取的力量；我们也能够理解为什么后来的“命运的戏剧”是注定要惨败的。

（《弗洛伊德-弗利斯信件》，271-272）

弗洛伊德得出结论说，当他在大约四五岁进入“生殖器期”的时候，作为小男孩的他对母亲产生了性欲兴趣，他希望能独自拥有她，因此对他的父亲心怀敌视。然而，这种敌视激起了害怕父亲报复的恐惧，而报复的方式可能是阉割。“阉割情结”的出现部分上是因目睹过他手淫的成年人曾对他进行过阉割威胁而引起；部分上是由小男孩自己的假想而引起，他推断女孩没有阴茎就是因为被阉割了的缘故。迫于失掉他身体上最宝贵的部位的威胁，小男孩无意识地放弃了与他母亲性结合的愿望，认同了具有潜在攻击性的父亲，最终将注意力转向其他女性以获得性满足。

弗洛伊德关于女性俄狄浦斯情结的研究结果并不那么

清晰，这与他一生中一直认为女人是个谜的观点相一致。然而弗洛伊德得出结论说，尽管小女孩首先和她的母亲产生感情，但是当她发现自己没有阴茎，并因此低人一等的时候，她将这个缺陷归咎于她的母亲，从而对她产生幻灭情绪。这使她将爱的对象转向父亲，开始幻想他能使她受孕。弗洛伊德认为，受孕后所生的孩子会弥补女孩因缺少阴茎而感到的缺憾，在这个意义上可以说是对女孩不具备的器官的替代。当女孩逐渐意识到，其他男人可以成为潜在的、使她受孕、生育的对象，因此克服了她挥之不去的自惭形秽感后，上述情感发展阶段宣告结束。

弗洛伊德将俄狄浦斯情结视为任何人如果希望成年生活稳定和幸福所必需经历的重要情感阶段，这种大胆的观点似乎很不成熟。我们已经看到，弗洛伊德一如既往地力图将心理和情感问题归于生理原因。如果只按字面意义去理解，那么他宣称所有小男孩都惧怕被父亲阉割这一论断是可笑的。但是，如果我们换个角度去解释，肯定地讲，男孩子非常在意树立自己男人的身份，他会感到来自父亲的竞争，在别人轻蔑地谈论他的身材、软弱、无能和缺乏经验时容易感到屈辱和威胁，对这样的解释大多数人是会接受的。

而且，成年男子和小男孩一样，觉得他们的生殖器是他们生理构造中最脆弱的部分。弗洛伊德关于阉割焦虑在成年男子身上表现更强，而失去爱的恐惧在女性身上体现更明显的论断是有科学依据的。女性虽然恐惧阴茎插入，但是因为她们的性器官相对隐蔽，所以她们并不十分害怕受到伤害。男性的生殖器不但没有保护，而且对疼痛极为敏感，世界上的迫害者们一直深谙于男性的这个弱点。对接受儿科门诊治疗的孩子们的问询显示，只有极少数的孩子认为女孩本来是有阴茎的，只是因为各种原因失去了它。阉割焦虑已经成为日常话题的一部分。那些熟悉精神分析术语的人经常把它当作一种日常生活中简略的表达方式，因此，一个人由于某种原因不能开车或继续他的工作时，他会说，“我感觉被阉了。”弗洛伊德坚持使用这个词的字面意义而不是它的比喻意义，这导致了对他的理论的广泛误解。

同样的情况适用于“阴茎妒羡”这个概念。在弗洛伊德时代，男性的主导地位比现在更为明显。因为男性掌握大部分权力，很多女性认为自己地位低、不被认可、受轻视、软弱。生孩子是使女性感到与男人平等或胜于男人的一种方式。如果我们用心理学术语而非解剖学用语表达弗洛伊德的观点的话，那么很少会有人质疑它。正如荣格所说，“毕竟，阴茎只是一个生殖象征而已”。

在提出婴儿性欲观念和俄狄浦斯情结时，弗洛伊德一直强调这样一个概念，即无论从情感、性及其他方面，儿童都是成年人的原型。在弗洛伊德写下这些理论的时候，还没有动物学家对类似人类的灵长类动物做过相关实验，后来实验证明婴儿期与外界隔离状态的延长会削弱成年动物交配或进行正常社交活动的能力。今天，我们自然而然地认为，儿童与父亲或母亲的亲密关系，包括身体上的亲密接触，很可能影响他成年后与同龄人形成温暖、友爱的关系的能力。我们能够这样设想主要归功于弗洛伊德，尽管对他关于童年的理论和看法我们现在或许并不是全都认同。

弗洛伊德认为俄狄浦斯情结是普遍存在的，但是我们可以辩驳说，这是一个非常西方式的观点，尤其适合“核心”小家庭。那么在一夫多妻的大家庭里长大的孩子，是否也同样会有弗洛伊德从他的病人身上发现的那种嫉妒、占有和恐惧心理呢？我们无从知晓，但是轶事证据表明情况正好相反。一位尼日利亚分析师告诉我，他在训练分析过程中，花了一年多时间才使他的分析师了解那种一夫多妻制的家庭中全然不同的情感氛围。

我们已经看到，至少在弗洛伊德思想形成的早期阶段，他更关注儿童与父亲而非与母亲的关系。而且，父亲总是被刻画成独断专行和严厉的，禁令和威胁总出自于他，他也是后来被称为“超我”的产生根源。弗洛伊德认为男性在孩提时会经历一个与父亲竞争的阶段。现代研究支持这一论点，但是研究结果暗示，男孩子后来与父亲形成的认同并不是“对攻击者的认同”，而是因为父亲做出了友好和充满爱意的举动。正如菲舍尔（Fisher）与格林伯格（Greenburg）所说：

> 男孩子似乎放弃了与父亲的激烈竞争，因为父亲传达了友好、正面的信息邀请他加入，而不是与之争斗……父亲邀请儿子走近他，形成同盟，接纳他，并接受他的价值观（p.222）。

婴儿失忆

大多数人很少记得婴幼时期的事。问询结果显示，人的“最初记忆”始于3.2岁。弗洛伊德将婴儿失忆归因于压抑，认为每个人都宁愿将最早的性冲动和性经历放逐到潜意识之中。这看起来是不可能的，尤其不可能出现在将儿童之间的性游戏视为娱乐而不是恐惧的文化里。那么还有更可能的原因。研究表明，记忆力的发展是一个渐进的过程。记忆、保持记忆和回忆的能力在语言能力获得之前都是很弱的。例如，没有人知道三四岁的儿童可以回忆起多少更小时候的事，对那时的记忆都会消失。甚至对成年人而言，他们对近期发生的事件的记忆也是短暂的，除非通过重温而使之鲜活起来。没有语言能力，重温便不可能发生；因此，在语言能力充分发展之前，记忆不可能被很好地留存不足为怪。

潜伏期

弗洛伊德认为，俄狄浦斯情结阶段结束之后会有一个“潜伏期”，大约从5岁左右一直持续到青春期。在此期间，性冲动和性行为尽管没有被摈除，已表现得并不明显。但是研究结果并不支持这个推想。在性宽容的文化里，性游戏在整个童年中期都是常见的；甚至在不赞成性游戏，性游戏因而被遮掩的文化里，也有证据表明，手淫、异性间及同性间的性游戏都随着年龄增加而增多。

然而，弗洛伊德关于人类经过两个快速成长和发育阶段的理解是正确的。从出生到5岁，这一阶段人类成长速度很快；然后是成长曲线上升相对趋缓的阶段；之后是青春期到来之前的又一个快速发展阶段。人类的适应能力很大程度上依赖于文化的学习和传承，要使学习和传承有效进行，孩童时代的依赖期就要延长。大概正是出于这个原因而出现了介于两个快速发展阶段之间的一个发展相对缓慢的潜伏阶段。人类很多的问题都可以合理地归结到未成熟阶段及对父母依赖期的延长。弗洛伊德认为孩童将异性父母看成了第一个性对象，这在某种程度上解释了一些成年人在性方面遇到的困难。一个没有脱离对父母情感依赖的男人或女人很可能将潜在的性伴侣在一定程度上视为父母。这在性及其他方面将使彼此关系复杂化。根据弗洛伊德的理论，对异性父母的俄狄浦斯似的依附，（至少对男性来说）会伴之以阉割威胁。继续主要或者部分地将女性视为母亲的男人，会认为女性既具有性吸引力又是潜在的危险。这种理解很可能带来一系列的性障碍，包括彻底疏远女性、部分或完全的性无能，或者一定要借助带性虐待性质的仪式或物件的慰藉，才可能性交。尽管俄狄浦斯情结理论在很多方面都有待考证，但是它总的框架在解释很多之前无法解释的性困难和异常性行为方面，是非常有力的。

弗洛伊德的错误在于，他将性心理发展置于如此核心的地位，以至于其他所有形式的社会和情感发展都被认为源出于此。在他的关于列奥纳多的论文中，弗洛伊德甚至将好奇心和求知欲都归结于出自性欲。他一定已意识到，很多动物都表现出明显与适应环境相关的探索行为。这样的行为更类似于人类对知识的探求。但是弗洛伊德是如此坚持性欲是原动力，认为升华了的**婴儿性欲研究**为人类继续追求知识提供了动力。今天，大多数研究儿童发展的学者只将性欲看作是链条上的一环，而不是根本原因。人际关系困难也许和早年经历的、与性毫无关系的不安全感有关，但是也同样可能导致日后的性问题。同样，性欲发展中经历的困难也可能导致后来出现的社交问题。

第四章

自由联想、梦与移情

自由联想

弗洛伊德在发展其神经官能症理论的同时，也在不断改变他的治疗技术。从1892年开始，他逐渐放弃了催眠术，而偏好用自由联想进行诊疗。病人依旧被要求躺在躺椅上，弗洛伊德坐在病人视线之外的躺椅一头，但是他已不再试图通过催眠或者将手按在病人的额头之上的方式使其追回记忆。相反，他要求病人不受限制地讲出任何自发的想法或幻想。这种技术上的变化不仅对精神分析，而且对大多数之后出现的精神疗法及其他情况下的人与人之间的互助都产生了持久的影响。自由联想的使用迫使病人采取主动，使精神分析师采取一种比人们传统上认为医生应持的态度被动得多的态度。催眠法治疗主要依赖病人的服从和医生的权威。自由联想则要求病人保持更多的自主权。因此，精神分析成为一种帮助病人自助的手段。病人需要将精神分析当作一种更好地了解自己的手段，而不是向精神分析师寻求直接意见、正面建议或具体的指示。有了这种新的领悟后，病人被期望能够解决自己的问题。

梦

如果一位躺在躺椅上的病人进行自由联想，她很可能不时会告诉精神分析师她的梦境，因为梦通常是令人印象深刻或不安的精神现象。尽管在弗洛伊德研究梦之前已有很多关于梦这一主题的文献，但是弗洛伊德堪称是综合各种说法，使梦成为了一个合理的研究对象，并创立了关于梦的理论及解析方法的著名先行者。

《梦的解析》于1899年11月首次出版。1895年7月，在位于维也纳郊外的美景宫逗留期间，弗洛伊德做了著名的"伊尔玛注射之梦"。这个梦的细节（后来引发了大量研究）对我们并不重要。弗洛伊德对这个梦的解释是，它试图免除他曾误诊某病人的责任，因而代表了一种愿望的实现。1900年6月12日，当他再度在那里停留时，他在给弗利斯的信中写道：

你觉得会不会有一天，人们会从这座房子的一块大理石碑上读到这样一段话？

在这里，1895年7月24日，

梦的秘密

展现在了西格蒙德·弗洛伊德博士眼前。

（《弗洛伊德–弗利斯信件》，417）

弗洛伊德的幻想在1977年5月6日成为现实，一块纪念匾额被立在那里。

1931年，弗洛伊德在英文第三版《梦的解析》的序言里写道：

这本书在1900年首版时对心理学所作的震惊世界的新贡献在这一版里基本保留、未作改变。即使在今天看来，它仍包含着我幸运地获得的所有发现中最具价值的发现。这样的

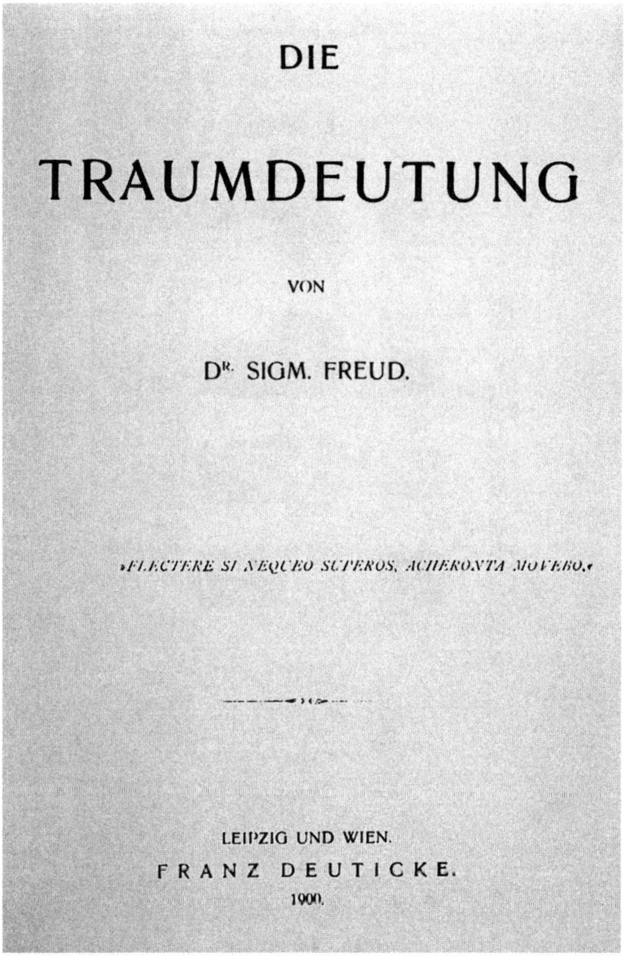

DIE

TRAUMDEUTUNG

VON

DR. SIGM. FREUD.

»FLECTERE SI NEQUEO SUPEROS, ACHERONTA MOVEBO.«

LEIPZIG UND WIEN.
FRANZ DEUTICKE.
1900.

图9 《梦的解析》第一版的扉页。

图10　1895年，美景宫。

顿悟一生只可能幸运地获得一次。

（《弗洛伊德全集英文标准版》，IV, XXXII）

有创造力的革新者往往都不是他们著作的最好评判者。弗洛伊德关于梦的理论，尽管依旧有影响力，但并没有像他相信的那样，能经得起时间的考验而不用修改。他的最终理论酝酿了很长时间，在精神分析诞生很多年以前，当弗洛伊德还是医学院学生的时候，他就已对梦产生了兴趣。我们在此无需记录这个理论经历的各个阶段，仅需陈述它的最终形式。

弗洛伊德断言，除极少数情况外，梦都是被压抑愿望的一种经掩饰的、虚幻的实现。他还断言，梦不仅代表现在的愿望，而且还总是表达可以追溯到童年早期的愿望。这个理论显然源自或类似第二章提到的，弗洛伊德关于歇斯底里症的早期论述。在对歇斯底里症的论述中，弗洛伊德推想，创伤事件之所以触发了现在的症状，只是因为它激起了儿时的创伤记忆。弗洛伊德将梦看作类似于神经官能症状。因为正常人也做梦，弗洛伊德关于梦的理论支持这样一个观点，即神经官能症患者和正常人是不能被严格区分的。这样，他为把精神分析构建成一个具有普适性的心理理论作了铺垫。

这个独创性的理论使他更坚信几乎所有的神经官能症状都起源于童年早期。他相信，梦为被压抑了的婴儿性欲提供了间接表达，这种表达如果不加掩饰，将会使梦者非常不安以至于从梦中惊醒。

> 我们关于梦的理论认为，婴儿时期的愿望是形成梦的不可或缺的动力。
>
> （《弗洛伊德全集英文标准版》，V. 589）

这些愿望是不被接受的和潜在使人不安的，因此它们被审查和掩饰。浮现出来的梦境，就像神经官能症状一样，是潜意识的压抑和直接表达之间的一种妥协。经常出现在梦中的前一日发生的事件之所以重要，仅仅是因为它们与被压抑的婴儿冲动产生了共鸣从而将其激活。

弗洛伊德描述了梦被改变得不那么扰人的精神过程，或“梦工作”。这个过程包括凝缩，即不同想法和形象融合在一起；转移，即一个潜在令人不安的形象或想法被相关的，但不是那么令人烦扰的事物所替代；表现，即思想被转化为视觉形象；象征，即某种中性的事物代表或者暗指性生活的某个方面，或者与之相关的、梦者不愿辨认的一些人物。弗洛伊德还提到了次级修改过程，即梦者力图通过将梦变成一个连贯的故事从而使它可以被理解，而这样做可能导致梦的进一步扭曲。

这个观点意味着，梦者回忆起来的梦，已经经历了一个非常复杂的掩饰过程，而这个过程掩藏了梦的真实含义。弗洛伊德提出了“显梦内容”概念，即梦者回忆起来的东西。与之相对的是“隐梦内容”，即被隐藏的、梦的真实含义，此内容只有在梦者与梦中形象的关系经由精神分析的审察和解释之后才能确定。

弗洛伊德的梦理论同时反映了他对目标的专一和他的概括倾向。他认定婴儿性欲原望是神经官能症的根源，他确信他的这个看法是正确的。在弗洛伊德看来，梦是原始的、非理性的精神现象，它忽视逻辑、秩序和有意识接受的时间及空间标准。但是，

> 梦的解析是通向了解心灵潜意识活动的捷径。
>
> （《弗洛伊德全集英文标准版》，V. 608）

因此，从根本上说，梦一定是与婴儿性欲这一精神分析理论的“不可或缺的器官性基础”相关的，尽管初看起来很多梦似乎与其他事情有关。

弗洛伊德解析梦的方法是极富创意的；但是连他自己都不得不承认，有些类型的梦并不适合他的理论。首先，有些梦不需要解析，例如饥饿的人梦见食物，口渴的人梦见喝水。这些被称作“便利性”的梦当然表达的是愿望，但是它们只与梦者的现状，而不是与他的婴儿时代相关。

第二，有些“创伤性”的梦不加掩饰地重复某些突如其来的震惊事件，如车祸、爆炸，或者无缘无故受到的攻击，如强奸或其他类型的身体攻击。弗洛伊德最终承认，这样的梦不能被视作愿望的实现。他相信，当创伤事件发生得如此突然，以至于人的心灵不及作好应对焦虑的准备以御防打击时，人才会做这样的梦。他写道：

> 这些梦努力通过产生焦虑来回顾性地控制这些刺激，而

缺乏这种焦虑是导致神经官能症的原因。

（《弗洛伊德全集英文标准版》，XVIII, 32）

尽管在这篇论文中，弗洛伊德谈到了“复旧的强迫性”，但他并没有谈及有些遭受创伤的人会有意识地表现出和“创伤梦”中一样的行为：他们努力通过向任何可能的听众重述他们的创伤事件，从而接受或克服他们所经受的震惊。第二次世界大战空袭过后的那类“轰炸故事”往往是冗长乏味的。

第三，有时等同于恶梦的焦虑梦也似乎与弗洛伊德的愿望实现理论相矛盾。弗洛伊德从两个方面解释了这类梦。首先，焦虑可能只是与“显梦内容”相关，而精神分析肯定会显示愿望的实现包含在“隐梦内容”中；或者可能是由于压抑和梦工作部分地失败，而使与被禁止的冲动相关的焦虑得以显露的结果。在这种情况下，梦者通常会醒来，因为这样的梦没有履行它们作为睡眠护卫者的职能。应该加以说明的是，当弗洛伊德阐明他的梦理论的时候，他认为焦虑不过是没有得到释放的性欲能量的表现。后来，在《抑制、症状与焦虑》一书中，他逐渐将焦虑视为显示可能威胁到自我、使个体感到无助的危险的信号。例如，小孩可能感到不能释放或无法应对内心产生的侵犯或性欲冲动。或者说他可能因为失去了给予他爱和保护的父母，而无缘无故地感到受到威胁。弗洛伊德并没有修改他的梦理论以将他对焦虑的新解释包括进去。

第四，无论男女，都经常做那种达到性高潮的性梦。这类梦里的意象要么可能是象征性的，要么可能是不加掩饰的。弗洛伊德学派的人试图对此作出解释，他们断言那些公开显示出来的性愿望是梦者能够接受的愿望，而以象征形式出现的愿望则是不被梦者接受的愿望。但是这种说法并不能解释既包含公开表露的性冲动但又使梦者痛苦的梦。认为梦总是隐藏被压抑的愿望的说法是站不住脚的。

尽管弗洛伊德固执地认为，被压抑了的婴儿愿望导致了梦的产生，但是大多数他提供的临床例证却关乎成人生活中的情感：竞争、不当的性欲，或者如他的“伊尔玛”梦中反映出的希望免被谴责的愿望。今天，只有很少的精神分析师支持弗洛伊德梦理论的原型。尽管有些梦与没有实现的或阴暗的愿望有关，但不是所有的梦都是这样。而且，如果梦都是以间接的方式越过潜意识的控制，表达被压抑的婴儿冲动的话，那么人们应该期待，随着年龄的增长，睡眠中做梦的时间比例应该增加。但事实上，脑电图研究表明，婴儿做梦的时间要多于成人；这个信息弗洛伊德当时是不知道的。尽管梦不是用日常语言来表达的，但是这并不说明它们一定隐藏着不可接受的内容。诗歌是一种以象征和比喻为主要特色的人类语言。诗经常是难以理解，但是我们通常并不因此认为它是在故意闪烁其词。

象征可以解释为“代表某种东西，或者有代表性功能的任何事物”。一个普通的例子是国旗。“弗洛伊德的象征物”被人们通常理解为出现在梦里或幻想中代表生殖器官的物体。因此，中空的物体，如洞穴或手提包，可能象征着女性生殖器；而剑、雨伞，或铅笔被认为是暗指阴茎。如里克罗夫特在他文中指出的：“弗洛伊德的象征论是个谜吗?”弗洛伊德最初并不太重视性象征（符号），只是后来受威廉·施特克的影响才对此关注起来。意识到象征的重要性以后，弗洛伊德以通常的简化还原方式这样描述道：

> 梦中绝大多数的象征都是性象征。
>
> （《弗洛伊德全集英文标准版》，XV, 153）

然后他列出大量上述类型的物品。换言之，弗洛伊德认为象征的主要功能就是隐藏性欲，或者使性欲从解剖学角度变得更可接受。就像我们将在第八章论及弗洛伊德对艺术和文学的观点时会看到的那样，弗洛伊德对幻想抱以同样否定的看法，他认为幻想根本就是一种逃避。

与弗洛伊德的看法不同，如果我们将内心想象世界的发展和象征能力的发展看作是并肩发展的适应能力的话（人类的这种适应能力尤其发达），那么我们就可以看出，象征可以发挥填补内心世界和外部世界之间空白、赋予外界事物以情感意义的正面作用。温尼克特（Winnicott）在《从儿科学到精神分析》（1975）一书中的一篇1954年撰写的论文里描述的“过渡性物体”就是典型例子。年纪很小的孩童对一些非生命物体产生强大的依附心理，不愿与之分离，例如，玩具熊或毯子的一角。这些物品原本象征着母亲。但是，因为这些象征性物品是真实存在的，而不能仅视其为想象而不认真对待。赋予这些物品重要意义的象征过程也不能被视为逃避主义，因为一个过渡性物体充当了真正的慰藉者。如同我们在随后的章节中即将看到的那样，弗洛伊德将精神活动严格地划分为理性的和非理性

图11 1914年弗洛伊德在维也纳伯格街19号的寓所。由其子拍摄。

的，或“次级过程”与“初级过程”，这种划分产生了无穷的问题。

弗洛伊德关于梦的理论似乎基于这样一个假设：因为压抑是将无法接受的事物驱逐到潜意识中的一种机制，那么所有潜意识的东西都是负面的。弗洛伊德在1915年发表的《论潜意识》一文中写道，“被压抑的没有涵盖所有潜意识里存在的东西”（《弗洛伊德全集英文标准版》，XIV. 166），但是在他最初关于梦的理论里面却几乎没有谈及这一点。有很多种原因可以使我们认为潜意识中出现的事物并非只是，甚至并非主要是压抑的结果。有些梦明显具有创意或者是提供了问题的解决方案。现代理论家倾向于从信息加工的角度看待梦；梦也许是将当日发生的事情与存储在长期记忆中类似的经历相比较的结果。但是，尽管弗洛伊德的梦理论存在缺陷，我们需要承认，是弗洛伊德使梦重新成为一个值得研究的现象。

移情

弗洛伊德采用自由联想方法的另一重要结果是他发现

了移情。移情最初被定义为一种病人将对他生活中的其他人物，尤其是父母的态度和想法赋予分析师的过程。现在这个词的含义得到了扩展，包含病人对分析师的所有情感态度。如果鼓励病人去毫无忌讳地讲出她[1]能想到的任何事情，那么她不仅会讲她的神经官能症状和儿时经历，而且还会讲她的希望与恐惧，成功与失败，及她现在的人际关系，包括与分析师之间存在或缺少的关系。

作为一名科学家和医师，弗洛伊德最初的希望是找到神经官能症的病源及根治它们的治疗方法。如果病人能够规避压抑，回忆起她婴儿时代的成长变迁，那么那些阻止本能冲动释放的障碍就可以被克服，那些由于压抑和释放之间的妥协而产生的症状就会消失。根据这种观点，神经官能症的治疗被比作身体疾病的治疗。就好像结核菌可能被视作肺结核的病因，应该用一种严格的疗法将其消除一样，神经官能症是由被压抑了的婴儿期冲动引起，因而要通过回忆和消除那些冲动来治愈，从而克服那些阻碍病人性成熟的障碍。精神分析因此被看作是一种如同其他医疗

1 本页4-6行及第10行的“她”应为“他”，疑为英文作者之误——译注。

技术一样可以被学习的技术。精神分析师可以扮演一名技术高超的医师的传统角色：慈爱、体贴，但本质上是客观、超然的。

这当然是弗洛伊德起初试图采用的模式，一种医患之间职业的、客观的，而非私人的关系，尽管个人因素，如感激会在有限范围内存在。弗洛伊德将自己比作登山向导。如我们在第一章中看到的，弗洛伊德是一个特别超然的人，至少被他的一个分析对象描述为“令人惊异地客观”。当弗洛伊德放弃了催眠术和额头按压，转而青睐自由联想之后，严格意义上讲他已经没有必要让病人仰卧在躺椅上了。但是弗洛伊德保留了躺椅，而且他继续坐在病人的视线之外，这样做部分是为了方便病人自由联想，而部分原因，如他承认的那样，是他不愿意一天当中被病人盯视数小时。他坚持不公开姓名和拒绝回答关于自己的问题可能与他的个性有关。从第一章中我们得知，弗洛伊德极不愿意透露他自己的任何事情。但是他的这种不情愿结果证明是一种唤起病人幻想的有力手段，如果弗洛伊德采取的是一种更加主动的态度，那么可能永远不会出现这种效果。医师的客观超然仍然是当代精神疗法的重要方面。

正是弗洛伊德的这种超脱和拒绝与病人进行私交，促成了移情现象的出现并使这些现象明晰起来。

当弗洛伊德发现他已成为病人很重要的情感依托时，他的首先反应是负面的，尽管他很快意识到移情是精神分析过程中至关重要、不可避免的一部分。弗洛伊德最初将移情视作对精神分析师的一种爱欲依附，事实上也可能如此。然而，无论这有多么不妥，弗洛伊德仍认为，它是克服病人抵抗情绪的有效途径。后来，弗洛伊德逐渐将移情视作人为诱发的神经官能症，病人再现先前对父母的所有态度。弗洛伊德力图通过解析将这种重复再现转为回想，断言这些记忆是属于过去的以减缓病人现在情感上的紧张。

直到1910年6月5日，弗洛伊德依旧对移情表示反感，尽管他承认移情的重要性。在致费斯特（Pfister）的信中，他写道：

说起移情，它简直是祸根。病症里那些难以处理的、强烈的冲动甚至通过精神分析都无法彻底消除，它们使我放弃了间接建议和催眠治疗。它们只能被抑制，难以抑制的部分则出现在移情里。这部分会占很大比重。

我们能够理解弗洛伊德的感受。他希望病人只将他视作一名熟练的医师，能通过医术揭示疾病的根源，然后帮他们消除神经官能症状。但相反，病人将他视作理想的情人、父亲或者救世主。他们需要的不是他的科学知识，而是他的爱。

当然，正是因为弗洛伊德本质上是一个客观而超然的探索者，所以他将病人对他的情感冲动理解为一种病人过去情感的完全再现，而低估了病人或许在此时此地对他抱以真实情感的可能性。

也就是说，病人对医师会产生某种程度的爱意（通常混杂着敌意），这种爱意并非建立在他们之间真实的情感关系的基础上，如每一个细节所示，它只能被追溯到已经成为病人潜意识的一部分的过去拥有的想望和幻想。

（《弗洛伊德全集英文标准版》，XI. 51）

事实上，不管病人对精神分析师的看法是如何受到过去经历的影响，他们对精神分析师产生真心的敬重是非常自然的。很多寻求精神分析治疗的病人从未从其他人那里感受到精神分析师在进行精神分析时所给予他们的那种长时间的关注。生活中没有其他的地方可以找到这样一个能专注聆听数小时的听众。很多病人感受到，他前所未有的情感被唤醒了，而不是对过去幻想的重复。大部分当代精神分析师认为，与其说神经官能症是一种被禁制或未发育成熟的性欲，不如说它是一种因无法获得平等、满意的人际关系而导致的更大失败。因此，对移情的分析取决于分析师对病人当下对他的情感的体察和评论：是害怕？顺从？进攻？还是竞争？病人表现出这样的态度是有历史渊源的，因此需要探求；但是重点在于，通过理解病人对分析师的态度是如何被扭曲的从而去理解病人对他人的态度是如何被扭曲的。要有效地做到这一点则要求精神分析师不仅要关心病人童年早期的事件，而且要承认在当下病患之间存在一种真实的情感关系。

很快弗洛伊德就意识到，精神分析师没有、也不可能成为那种超然的旁观者，仿佛病人是化学溶液一般而不受其影响。在1910年，弗洛伊德写道：

> 其他的技术创新只关乎医师本身。我们已经意识到了在医师心中，由于受病人对他潜意识情感的影响而产生的“反移情”，我们倾向于坚持，医师应该意识到他心中反移情的存在，并战胜它。
>
> （《弗洛伊德全集英文标准版》，XI, 144–145）

弗洛伊德最初希望这可通过类似他自己所做的那种自我分析来实现。后来他承认，自我分析应该被他人所做的训练分析取代。事实上，荣格是早期精神分析师中第一个坚持分析师自己一定要先接受分析的人。精神分析师必须通过自省来监控自己的情感反应，因为他对病人话语的主观反应是在理解病人的过程中不可忽视的一环。

这与科学家应具有的思维定式大相径庭。科学家决不容许个人情感影响任何正在进行的实验。尽管精神分析师在某种程度上必须客观地看待病人，他只有在使用自己的主观判断时才能理解病人。正如我们从弗洛伊德作为一名分析师的表现中看到的，他目标中的那种完全超然的境界从未实现过。而且完全的超然会切断他的信息来源，如果我们想要理解的是人而不是外部世界，那么我们需要这些信息。尽管弗洛伊德承认移情和反移情的存在，但是至死他都坚持认为他是一名科学家。我们将他的精神分析事业与历史学家的工作相比可能更为合适。历史学家也试图重建过去，但是没有人指望一个完全客观的关于过去的图景会被构建出来，即使能够构建出，这样的历史也是难以理解的。历史学家对过去以及历史缔造者的动机的理解注定受他自身的经历和他对人类的理解能力的影响。这就是为什么历史学和精神分析都不能成为严格意义上的科学的原因。

第五章

自我、超我与本我

虽然弗洛伊德通常拒绝根据他人的建议修改其观点，但是他自己却不断地进行着修正，他毕生都保持着创新能力。在第一次世界大战后半期及20世纪20年代早期，弗洛伊德对精神分析理论作了大量增补和修订。其中最重要的修订涉及自恋、心理机制结构以及对性欲冲动和对侵犯性冲动的重要性的认可。

自恋

这个词最初用来形容一种爱上自己而非他人的性变态。后来扩展为指任何形式的自恋。因为自尊对精神健康是必要的，一定程度上的自恋被认为是正常的。弗洛伊德认为，每个人都将原欲指向两个方向：朝向自己（自我情欲）和朝向他人（对象情欲）。当一个人恋爱时，他的大部分情欲都投给了他所爱的人。当一个人无论身体上还是精神上患病后，他都变得更加沉湎于自我的世界，与他人进行情感交流的能力变得相对较弱。自恋的极端形式表现为精神分裂症，病人认为世界上发生的所有事情都指向他自己；在癫狂的状态下病人认为自己无所不能；在忧郁状态下表现为过分担忧地一味关注自己的身体和精神状况，而不考虑任何其他事情。弗洛伊德提出了一个情感发展的自恋阶段，或称初级自恋，在这个阶段只会对自己有原欲投入，而对对象产生性欲要在这个阶段之后。他将此阶段描述为性欲本能获得了自体情欲的满足。因此，精神或身体疾病的产生可以看作是回归婴儿成长的早期阶段的结果。

至此，弗洛伊德已经断言有两种本能：与自我相关的自我保存本能和与其他对象相关的性欲本能。于是他下结论说，自我保存和自恋实际上是一回事，关键是对自我的性欲程度与对其他对象的性欲程度相对不同。

正如厄恩斯特·约内斯在他撰写的弗洛伊德传记第二卷中评论的那样，弗洛伊德的文章《论自恋：导论》（《弗洛伊德全集英文标准版》，XIV. 73-102）正好对那些指责弗洛伊德将任何事情都归于性的批评家有利。最初，弗洛伊德认为自我保存本能与性本能不同，而且可能与之发生冲突。通过强调对他人的爱只是转向外界的自恋而已，弗洛伊德似乎在表明，性欲冲动实际上是精神能量的唯一来源。这种观点很快就被修正了。

弗洛伊德本质上是个二元论者，他习惯性地将精神现象解释为两个对立面之间的交互或冲突。他可能是最先意识到这种思考问题的方法是具有强迫性个性的人的特征，这类个性的人对与之相关的人显然表现出“矛盾”心理，他们通常很难作出决定，因为他们不能调和两种对立的思考。爱和恨是人与人之间所有密切关系中可以明确区分的两种对立关系；当这种紧密关系一旦破裂，爱通常转变为恨。弗洛伊德得出结论说，恨与自我保存的努力紧密相联。他继续陈述道：

恨，在与对象的关系里，是先于爱的。它源于有自恋性质的自我对外界涌入的刺激所采取的原始批判。作为抗拒由对象引起的不快的一种表达，它总是与自我保存本能保持着密切关系；因此性欲和自我本能会容易发展成对立面，在爱恨之间往复。

（《弗洛伊德全集英文标准版》，XIV. 139）

“外界涌入刺激”的说法可能显得含混不清，除非我们在此重温弗洛伊德的基本思想之一，即有机体总是在寻求除掉令其不安的刺激，无论它们是源自外界还是源自内心本能的紧张。第二章谈到过“有机体希望通过释放所有紧张来达到一种平静的需求”。弗洛伊德继续谈到，

神经系统是这样一种机制，其功能可以是除掉感受到的刺激，或将它们降至最低限度，或者，如果可行的话，保持自身处于不受任何刺激的状态。

（《弗洛伊德全集英文标准版》，XIV, 120）

弗洛伊德最初的歇斯底里症和强迫性神经官能症研究需要将心灵划分为意识和潜意识两部分。这个简单的模式假定：潜意识即使不完全是，也主要源自压抑，因此它包括冲动、思想及感情，这些对于有意识的自我来说都是不

可接受的。在20世纪头20年里，弗洛伊德逐渐意识到这个模式是不恰当的。例如，根据这种模式，制造压抑的动源一定是自我，心灵中有意识的那部分。然而，躺在躺椅上的病人表现出的抗拒却表明仿佛压抑的动源存在于潜意识部分。也就是说，当危险或讨厌的话题浮现在自由联想中时，病人就会停止自由述说，声称他什么都没有想起，或者他忘记了谈过什么，或者用其他方式闪烁其词。弗洛伊德说，

> 制造压抑和保持压抑的力量在精神分析过程中表现为抗拒。
>
> （《弗洛伊德全集英文标准版》，XIX. 14）

但是这意味着，只和意识相连的那部分自我其本身可能是潜意识的。弗洛伊德认为，“潜意识”这个词最好被用作描述性形容词，而不是局部解剖学中的名词。尽管所有被压抑的事物都是潜意识的，但是并非所有潜意识的事物都是被压抑的。

心理机制的结构

经过全面思考，弗洛伊德构想出一种新的心灵模式。它包括三部分：自我、本我和超我。“本我”被定义为心灵深处最古老的那一部分，其他的结构都源于此。

> 它包含所有遗传下来的东西，与生俱来，融入肌体——因此，最重要的是，它包括源自躯体组织的本能，这些本能以我们尚不知晓的形式寻找到最初的心理表达。
>
> （《弗洛伊德全集英文标准版》，XXIII.145）

本我是原始的、无序的、感性的“非逻辑的领域”：

> 它是我们个性中黑暗的、无法触及的部分；我们是从对梦和对神经官能症症状的研究中获得了对其甚微的了解。大部分本我都是负面的，只可被当作自我的鲜明对照物来描述。我们用一个类比来描述本我：我们称之为一种混乱状态、一个充满沸腾刺激的大锅炉……它充斥着来自本能的能量，但是它没有组织，不能产生任何集合意志，只能力争使

受享乐原则支配的本能需求得到满足。

（《弗洛伊德全集英文标准版》，XXII. 73）

弗洛伊德明确地区分了两种不同的、他称之为**初级过程**和**次级过程**的心理功能。本我使用的是初级功能，它运用我们在第四章讨论梦时曾引用过的凝缩、移置、象征和愿望的虚幻实现等机制。本我还忽视时间和空间概念，对互相对立的概念，如黑暗/明亮、高处/深处不加区分。如弗洛伊德描述的那样，本我只受最基本的、原始的心理动力原则制约，即避免本能的张力所引起的“不快”，而这只能通过愉快地满足本能需求来实现。

弗洛伊德对人性的悲观看法典型体现在他认为所谓的“享乐原则”更多关注的是寻求避免痛苦而非追求享乐。这是弗洛伊德很多思想的基础。在第二章里，我们注意到，弗洛伊德将强烈的情感视作必须除掉的烦扰，而非一种要去追寻的快乐。

自我是代表意识的那部分心理。它使用次级过程：即推理、常识及对外界刺激或内心本能的推动进行延迟回应的力量。弗洛伊德将自我刻画成一个与感知器官紧密相连的“特殊的组织”，因为它最初是由外界刺激冲击感官而发展起来的。

> 自我首先、最终都是身体上的自我。
>
> （《弗洛伊德全集英文标准版》，XIX. 26）

弗洛伊德旨在说明，自我是源自由身体表面而来的感觉，它是身体表面的一种投射。“我”的意义取决于将自己的身体作为独立实体的感知。自我一旦存在，“就充当本我和外界之间的媒介”。凭借这种介于感官感知和运动活动之间的中间连接，自我得以控制自发行为。自我的基础功能是自我保存。

> 对于**外界**事件，自我这样来发挥功能：通过意识到刺激的存在，存储有关它们的经历（于记忆中），（通过逃离）避免过度强烈的刺激，（通过适应）处理温和的刺激，最后（通过活动）对外界作出利己的权宜变化。对于关系到本我的内心事件，自我如此发挥功能：它对本能的要求施加控制，决定是否允许它们获得满足，将这种满足的获得拖延至与外界

契合的时间和场合，或者完全地抑制它们引起的兴奋。

（《弗洛伊德全集英文标准版》，XXIII. 145-146）

弗洛伊德这样描述他心灵划分的第三部分：

漫长的童年时代——人类成长中依赖父母的时期——在自我中积淀形成了一个特殊动源，使得父母的影响被延长。这被称为**超我**。当这个超我不同于自我或与之相反时，它构成了自我必须考虑的第三种力量。

（《弗洛伊德全集英文标准版》，XXIII. 146）

弗洛伊德的超我概念的起源可以追溯到我们先前提过的，他的那篇关于自恋的文章。弗洛伊德认为，随着儿童的成长与发展，他最初妄自尊大的自恋倾向逐渐减弱，即他不再认为自己是无所不能的“金宝贝”，是宇宙的中心。随着儿童逐渐习得文化和道德思想，他的原欲本能冲动经受着压抑。由于这种心理上的分裂，儿童逐渐意识到他不能再理想化自己；**理想自我**是他本身的自我总无法达到的。弗洛伊德设定心灵中有这样一个致力于**自我观察**的力量，它观察着自我，判定自我是否符合了，或者有没有达到理想自我。如上面引文中显示，超我最初产生于父母的禁止和批评。因为童年长期对父母的依赖，父母的标准和之后社会的标准投射于内心，即它们融入了个体心理中，或成为了个体心理的一部分，导致一旦自我没有达到理想自我的要求，就会听到良知的谴责。

弗洛伊德在此也同样可以使用巴甫洛夫的术语。超我可以被看作是由父母的命令和批评构成的重复条件反射训练的产物，例如，“你必须早餐后漱口”可能成为深植于脑海中的一条命令，以至于已经离家很久的成年人，如果没有照做的话，依旧会感到不安。

因此，自我不稳定地平衡于外界、本我和超我三者之间。它们各自可能强调一个不同的方向。因此人类行为有时显得摇摆不定或犹豫不决就不足为奇了。

攻击本能

在本章之初我们引用了弗洛伊德的结论：“恨，作为与对象的一种关系，是早于爱的。”这句话来自他1915年写的一篇名为《本能与它们的变迁》的论文。弗洛伊德是第一个将“攻击本能”确立为一个与性本能不同的自我的组成部分。在此之前，弗洛伊德曾将攻击本能视作性本能中构成施虐狂的方面，认为它是一种“掌控的强烈欲望”、一种力图拥有和主宰性对象的原始形式。

在这个初级阶段中这种形式的爱，在对待对象的态度上很难与恨区分开来。只有在生殖系统成熟以后，爱才成为恨的对立面。

（《弗洛伊德全集英文标准版》，XIV, 139）

弗洛伊德拐弯抹角地逐渐承认了“攻击本能”全然独立于性本能之外。

我记起了当一种破坏性本能的观点首次出现在心理学文献中时，自己所采取的防范态度，以及最终接受它需要的时间。

（《弗洛伊德全集英文标准版》，XXI, 120）

弗洛伊德频繁使用"本能"一词，现在看来有些过时，因为现代心理学家和研究动物行为的学者们基本上已经不再使用这个词汇。本能最初是指行为中被认为是天生的、不受环境影响而独立发展的方面。当今，人们普遍认为，所有的行为都既受遗传因素又受发展过程中的环境条件的影响。除非适当的环境刺激在恰当的阶段出现，甚至一些看似不变的典型行为，如鸟的歌唱，都未必会出现。弗洛伊德提出，环境在影响性行为模式方面起着重要作用，在这一点上他领先于他的时代。但是除了他自己的个人偏好之外，没有明显的理由可将本能限定为仅有两种。例如，吃饭和睡觉也基本上都是与生俱来的需求。

弗洛伊德在《超越唯乐原则》一文中首次全面认可了攻击本能，这是一篇发表于1920年的思考性文章。尽管他继续坚持认为，人主要是受享乐原则的主导，这种享乐原则在自我对现实原则的接受中得以修订而不是被废除，但是他下结论说，还有另外一种原则一定也在起作用。正如我们在上一章里看到的，对"创伤后压力障碍"——一种由突发事故或震惊造成的神经官能症疾病——的患者的研究显示，他们的梦经常几乎一成不变地重复该事件。因为创伤性事件，从定义上看，都是不愉快的经历，那么它的重现显得与享乐原则相悖。弗洛伊德还注意到，小孩子倾向于重复不愉快的经历，例如与父母的分离，他们通过把这些事件变成一种重复性游戏以在幻觉中获得对这些事件某种程度的控制。弗洛伊德下结论说，曾受过惊吓的神经官能症患者和曾有过悲痛经历的儿童都试图通过在梦中或游戏中重复这些不愉快的经历来征服它们。

在本章前一部分，我们引用了弗洛伊德的看法：恨比爱出现得要早，恨与自我将对象作为产生不安刺激的缘由而对其进行的原始拒绝相关。回顾这个观点有助我们理解为什么弗洛伊德将攻击性与对上述震惊和悲痛的克服，及强迫性重复不愉快经历的倾向联系在一起。

> 这种要去不断重复的强迫性行为表现……很大程度上体现了一种本能特征，当它们与享乐原则相背离时，就有一些“恶魔的”力量出现了。
>
> （《弗洛伊德全集英文标准版》，XVIII. 35）

但是弗洛伊德的分析并没有止于此，依旧坚信他的观念——心理机制的功能就是除掉到达它的刺激，他下结论说，这个“恶魔的”、本能的强迫性重复的冲动是所有本能中普遍存在的特质。他写道：

> 似乎，本能是有机生命中固有的一种强烈愿望，它试图将生命体在外界纷扰的压力下放弃的东西恢复到早先的状态。
>
> （《弗洛伊德全集英文标准版》，XVIII. 36）

那么，什么是本能力图恢复的事物的最早状态呢？在我们星球的历史上，无机物先于有机物出现，因此它只能是力图达到生命存在之前的状态。

> 如果我们把它作为真理，认为所有有生命的东西都因内在原因而死亡——再次变成无机物，那么我们不得不说，“所有生命的目标就是死亡”，而且回顾过去，“无机物早于生命体存在”。
>
> （《弗洛伊德全集英文标准版》，XVIII. 38）

死本能

以下是弗洛伊德称之为“死本能”的论断：它是涅槃原则的终极表现形式，是生物体力图到达斯温伯恩的“冥后的花园”的一种努力，在那里没有外来或内在的刺激扰乱它的永久平静。

没有星辰也没有太阳
没有任何光亮的变化
没有激荡的水声
没有声音或图景
没有冬季的树叶或春天的枝叶
没有白天及白天的一切
只有永久的沉睡
在永恒的黑夜

这些高度抽象的思考给予了弗洛伊德想要的东西：一个二元的方案。在这个方案中，精神生活的所有现象最终都可以被追溯为两个驱力或本能之间的互动或冲突。

经过长期的迟疑与犹豫，我们终于确定只有两种基础本能的存在：爱欲本能和破坏本能……第一个本能的目标是建立更大的联合体并保持这种联合统一——简言之，相结合；相反地，第二个本能的目标是取消联合并破坏它们。对于破坏性本能，我们可以设想，它的最终目标是使生命体回归无机状态。因此我们也可以称之为“死本能”。

（《弗洛伊德全集英文标准版》，XXIII. 148）

弗洛伊德认为攻击性是源于转向外部世界的死本能。他写道：

被弱化、驾驭和抑制了目标的破坏性本能，当它指向外在对象时，给予自我以满足了重要需求的满足感和对自然的控制力。

（《弗洛伊德全集英文标准版》，XXI, 121）

弗洛伊德继续得出结论：攻击性成为了文明的最大障碍。他将文明描绘成：

一个服务于集体自我保存本能的进程，它的目的就是将个体、家庭、种族、国家和人民结合在一起，形成大统一，即人类的统一。但是人类自然的攻击本能，即个体对集体、集体对个体的敌对，则与文明进程对立。这种攻击本能来源于死本能，是死本能的主要表现形式。我们已经发现，它与爱欲并存，与其平分疆土。现在，我认为，文明的演变过程已经不再模糊，它是爱欲与死亡之间、生本能与破坏本能之间的斗争，正如我们人类所经历的那样。这种斗争构成了所有生命的基本部分，人类文明的演变因此可以被简单地描述成求生的斗争。它是对立的巨人之间的斗争，而我们的保姆用歌唱天堂的摇篮曲来试图平息这场争斗。

（《弗洛伊德全集英文标准版》，XXI. 122）

谁能想到，一位致力于揭开维也纳上层社会神经官能症之谜的医生会从他的研究中得出关于人类生存状况的这样一个宏伟论断？弗洛伊德对性和攻击本能这两个冷门研究领域的探索居然转变成了一种描述对立的善恶力量的宇宙观。上文引用的段落是弗洛伊德在与荣格分道扬镳大约17年之后写下的。如果这两位先驱者继续合作的话，弗洛伊德可能会意识到，他将爱欲与死亡描述成永无休止地互相争斗的两个巨人的说法，正是荣格称之为“原型”的看法。这种看法是否正确是另外一回事。它与科学无关。

第六章

攻击、抑郁与妄想

弗洛伊德确定存在着一个独立的“破坏性本能”之后，他开始思考文明是如何对它施加控制的问题。他下结论说，这主要是通过“心力内投”来实现的，即将攻击心理并入自我，使攻击心理转离外部世界而朝向自己。弗洛伊德因此提出了攻击本能的双重转向。死本能起初是指向自己的，因为每个人都最终死亡，因此死本能是最后的胜利者。但是，在人的一生中，死本能很大程度上表现为指向外界的攻击本能：第一，对抗来自外界的不期而至的刺激；第二，表现为“虐待狂”对性欲对象进行占有；第三，反抗挫败自我欲望的个人或情势。然而，文明又确保了这种破坏性中的一部分转向内心，合并到超我之中，表现为产生自责、自恨和自罚的内疚感。

因此，文明，通过削弱和使人放弃攻击心理，并通过在人内心建立监察力量，如在被攻占的城市中的卫戍部队一样，获得对一个人危险的攻击愿望的控制。

（《弗洛伊德全集英文标准版》，XXI. 123–124）

弗洛伊德很重视超我具有的非理性严厉。他声称，一个在非常宽厚的环境里长大的孩子却可能拥有非常严格的良知标准，这是合乎情理的。他对此的解释很有说服力。他相信：

人们放弃的每一点能带来满足的攻击本能都被超我接收，而增强后者（对自我）的对抗。

（《弗洛伊德全集英文标准版》，XXI. 129）

换言之，一个人越抑制他对他人的攻击本能，对自己就越可能严苛。弗洛伊德在此之前曾经在他著名的文章《哀悼与抑郁》中描述过类似的情况。

如今，抑郁症被描述成严重的忧郁性疾病。弗洛伊德准确地描述了其显著的心理特征：

> 它是一种深刻的、痛楚的沮丧，对外面的世界失去兴趣，失去爱的能力，抑制所有活动，自尊降低到自责和自辱的地步，最终产生一种惩罚自己的错觉愿望。
>
> （《弗洛伊德全集英文标准版》，XIV. 244）

在哀悼中，自尊丧失的程度通常表现得不尽相同，尽管很多人失去身边亲近的人之后，的确责怪自己没能给逝者以足够的爱和关心。在其他方面，哀悼的心理特征与深度忧郁症十分相似。弗洛伊德注意到，哀悼通常是一个持续时间很长的过程，他将这种从逝去的爱人那里找回原欲的困难归因于一种更普遍的、每个人在放弃原欲时所面临的困难，例如，神经官能症患者放弃对父母的俄狄浦斯情结的困难。

弗洛伊德指出，抑郁还经常因为失去所爱的人引起，尽管这种失去可能是因被拒绝或遗弃而非死亡引起。但是为什么抑郁的人会将责难堆积在自己身上呢？弗洛伊德指出，忧郁症病人对自己的谴责，大都类似于那些他可能会对离去的爱人的谴责。“我是没用的人，不值得活下去”是对“你是没用的人，不值得活下去，因为你离开了我”

的一种置换。这个例子显示出，最初对外的攻击转而对内，并融入超我中，而后表现出自责和自恨。

根据弗洛伊德的观点，哀悼和抑郁的区别主要在于以下事实：在哀悼中，失去是完全意识到的，而在抑郁中，失去部分上是潜意识的。这与我们已经注意到的哀悼和抑郁的区别，即后者涉及在更大程度上丧失自尊，有什么关系呢？弗洛伊德相信，在某种意义上说，抑郁者讲出了他失去自尊的实情。

> 与哀悼的类比使我们得出结论：他的失落和一个对象相关，但是他告诉我们的是与他的自我相关。
>
> （《弗洛伊德全集英文标准版》，XIV. 247）

弗洛伊德的看法具有启示性。因为失去一个对象而感到失去自尊的人是那些以认同为基础选择对象的人，也就是说，自恋式地选择在某些方面类似于他们的对象。因此，失去对象就相当于失去了一部分自我。在上一章引用过的一篇重要论文《论自恋》中，弗洛伊德列举了各种各样选择对象的方式。

一个人可以爱上以下类型的人：

1) 自恋型：

a) 和他现在一样的人（即他自己）

b) 和他过去一样的人

c) 他想要成为的人

d) 曾经是他过去的一部分的人

2) 情感依附型：

a) 养育他的女性

b) 保护他的男性

及上述类型的接替者

（《弗洛伊德全集英文标准版》，XIV. 90）

（“情感依附”的字面理解是“依靠”。弗洛伊德这里考虑的是母子情感的最初状态：两者都得到来自孩子的某种原欲投入。）弗洛伊德的建议是，抑郁症患者退回到了，或者是从来就没有完全脱离过情感发展的原始阶段，在这个阶段他们选择的对象是自恋型的而不是依附型的。因此，当他们失去一个对象时，他们会比那些从与自己差异很大的对象身上获得依附型爱的人失去更多的自我。

弗洛伊德认为，这样的病人是被困在情感发育的“口欲”阶段的人（见第三章）。他没有清晰地阐明受困的原因，但是他断言，这种在口欲阶段的固恋可能是婴儿的口欲需求被剥夺或者过分满足的结果。尽管根据现代研究的成果看，弗洛伊德关于忧郁人格口欲阶段情感发展停滞的解释显得不够充分，但是他临床观察的精确性和深度并未因此受影响。我们在第三章里注意到，被动、依赖和对自我能力的怀疑经常是同时出现的性格特征。

今天，我们对有抑郁倾向的人可能会作出非常不同的描述。有些人因为失去所爱而变得严重抑郁，而不只是简单地度过一段哀恸时间就能恢复，他们可以被认为是没有持久的自我价值感的人，因此一旦受到失去或被剥夺的打击，便没有内心的力量可依靠。这样的人完全借助外部资源来维持自尊，依赖别人对他的爱或崇拜，或者依赖自身成就来支撑他的自我。我们觉得，一个孩子很有可能因为从爱他的父母那里经常性地得到一种非理性的赞美或宠爱，而获得一种内在的，但可能别人看来并不客观的自我价值感，但是当发生变故的时候，这种自我价值感会变成一种内在力量的源泉。如弗洛伊德和他的同事卡尔·亚伯拉罕（Karl Abraham）相信的那样，这样的过程很可能贯穿整个儿童时代，而不仅仅是生命的第一年。

有很多种原因可以解释为什么这样的过程可能不会发生，因此没有经历过这个过程的人尤其容易患上忧郁症。也许父母并不想要这个孩子，或者不爱他。也许他们对孩子的期望过高而使孩子总觉得达不到他们的期望值。或者某种基因因素（在复发性忧郁症中发现了很好的基因证据）使得这个孩子无论别人给他多少爱都不能投射于内心，从而建立内心的自尊。

弗洛伊德的自恋型的对象选择概念，即通过认同而选择对象的概念，在这种情况下尤为有趣。我们称那些易患严重忧郁症的人为“忧郁型个性”，这样的人渴求得到别人的赞同并急于避免那些会使他们陷入到忧郁之中的批评或责怪。他们急于取悦他人的焦虑使他们对别人的感受非常敏感；他们通过获得认同来找到适应别人的方式。如此习惯性地顺应别人必然会导致忧郁的人抑制或压抑自己的观点和感受，尤其是他们个性中自信或攻击性的那一面。

弗洛伊德也谈到了躁狂症，它是与抑郁症相反的一种心理状态，即今天人们熟知的躁郁性精神病或双相情感障碍。弗洛伊德认为，躁狂症的通常表现是“快乐、狂喜或胜利”，特点是以前用作他途的心理能量一下子汇集于此。可以把躁狂症类比为一辆汽车突然卸掉了刹车，或者，用弗洛伊德自己的例子，把它比作“一次漫长、艰苦的斗争终于获得了胜利”。在忧狂症困扰下，病人因自己的缺点而责难自己，而在躁狂症中，病人不但表现得对自己非常满意，而且还赋予自己几乎魔术般的力量，即那种弗洛伊德认为婴儿所具有的、初级自恋状态中的“无所不能”。弗洛伊德认为，在躁狂症中，理想自我和自我的差异被消除了。因此，超我已不再关注自我在哪些方面达不到理想自我的要求，因为在二者已没有区分。

在对自我的分析基础之上，我们不能怀疑的是，在躁狂症患者身上，自我和超我已经融合在一起，因此，这个处于胜利和自满状态下的人，不受自我批评的烦扰，可以享受解除对自己的禁制、免去对别人的顾虑及自责后的快乐。

（《弗洛伊德全集英文标准版》，XVIII. 132）

上文中我们评述了弗洛伊德对严重忧郁症描述的准确性，这是一种呈现多样性的心理疾病，可能需要入院治疗，但在私人诊所中也经常碰到。相比之下，弗洛伊德对躁狂症的说明不但过于简短而且也不尽如人意，这也许是因为他自己没有太多这方面的经历的缘故。躁狂症病人在私人诊所里很少见，因为他们很少自己去寻找医疗帮助。他们被送入精神病院和诊所，要么是在亲属的安排下，要么是因为他们的反社会的行为而不得不受到约束。躁狂症病人很少显示弗洛伊德描述的那种纯粹的“快乐、狂喜或胜利”状态。而且，尽管轻度躁狂症病人的感受是愉悦的，并且他们可能会快速地产生一系列极富创造力的想法，但是大多数躁狂病人的感受是过度刺激而非愉快；在康复之后，他们把自己的经历描述为剧烈不适而非快乐。

人们经常忘记，弗洛伊德很少有处理重症精神病人的亲身经历。1885年，当弗洛伊德在等候去巴黎与夏尔科进行合作研究的经济资助时，他在维也纳郊区奥伯多柏林的一家私人诊所做了三周的临时代理医师。他向未婚妻这样描述住院的病人：“一群思维不清、行为古怪的人。”他除了与夏尔科在萨尔佩特里埃尔（Salpetriere）主要研究歇斯底里症的那段工作期间以外，在奥伯多柏林的三周就是弗洛伊德接触精神病患者的全部经历了。就像我们即将看到的那样，他对妄想狂病人施雷伯（Schreber）法官的著名研究就是基于病人所写的书面材料，而不是与他的亲身接触。在对此研究的介绍中，弗洛伊德写道，如其他精神病学家一样，他见过很多例“妄想狂和早发性痴呆（精神分裂症）”，但是因为弗洛伊德认为这些病例不适合精神分析，他从未声称对其进行过深入研究。在1900年到1909年期间，荣格曾在伯格霍兹利（Burghözli）精神病院任精神病医师，之后他放弃了这里的职位转而开立私人诊所。如果弗洛伊德也有类似长期的工作经历，接触慢性精神分裂症患者、躁狂抑郁病患者及其他形式的严重精神疾病患者，那么他就可能构建一种建立在精神病，而不是神经官能症基础上的精神病理学。这样的精神病理学很可能会更关注个人现实感的发展，而非其婴儿性欲的变迁。弗洛伊德对精神病产生原因的解释对大多数精神病学家来说显得过于局限，然而，同以往一样他的解释中包含非常有价值的原创性的临床观察。上面提到的弗洛伊德根据丹尼尔·保罗·施雷伯法官回忆录所写的文章，就是反映他思考的敏锐与局限性的生动例子。

妄想狂精神病有几种类型，患者主要表现为产生被迫害的妄想。也就是，他设想自己遭到某个人或某群人恶意的追逐、攻击、毒害或伤害。这些想法经常伴以患者对自身重要性的深信不疑，而正是这种自认的重要性部分地解释了患者为什么会认为自己受到太多不想要的关注。他也许真的是皇家后代，或者掌握着某个敌人急于获得的至关重要的秘密。

施雷伯病例从几个方面来说都是一个不寻常的病例。大部分妄想狂精神病都是慢性的，而非不定期偶发的。但是施雷伯的精神病症在1884年10月初发并持续到1885年6月，之后他康复得很好。他又回到了法官的工作岗位，直到1893年健康状态一直良好。在51岁时，升职之后不久，他的病症复发，十分严重，使他不得不到精神病院接受治疗，直至1902年才出院。他的回忆录在他出院一年之后发表。他一直未从第二次发病中完全康复。1907年，他再次被送入精神病院，于1911年4月14日在医院中去世。

在他第二次发病期间，施雷伯坚信他的身体遭到了各种残忍的折磨，他受到了迫害和伤害，尤其是遭到禁闭他的那个诊所的所长弗莱克西希（Flechsig）教授的折磨。施雷伯急性的精神病症消退后，接着被一种长期的妄想系统所困扰。像其他妄想狂受害者一样，施雷伯看起来很正常，只有当他的妄想的素材被触及时才会发病。1902年，他获许出院，尽管顽固的妄想依然占据着他的思想。

> 他相信自己身负救赎世界并使之找回福祉的使命。然而，这只有当他首先从男人变成一个女人之后才能实现。
>
> (《弗洛伊德全集英文标准版》，XII. 16)

在他的回忆录里，施雷伯宣布，当他被变成女人之后，他将由神光受孕，从而创造一族崭新的人类。

我们不知道施雷伯首次发病的情况，但是弗洛伊德对其第二次发病的解释是，它与施雷伯即惧怕又希望和弗莱克西希发生性关系有关。

> 刺激他病发的原因，是一种同性恋原欲的暴发；这个原欲的对象最开始可能是他的医生弗莱克西希；他对这个原欲

冲动的抗争引发了内心的冲突，导致了症状的出现。

（《弗洛伊德全集英文标准版》，XII. 43）

弗洛伊德继续解释说，施雷伯对他的精神病医师产生同性恋，是一种早期在潜意识里对父亲的同性恋感情的移情。后来他妄想上帝取代了弗莱克西希作为使他受孕的人，而这也可回溯到一个相似的来源。弗洛伊德写道：

人们熟悉的妄想狂症的主要形式全部可以用这个命题的矛盾来代表“我（男人）爱他（男人）”，事实上，他们穷尽了所有可能表达这种矛盾的方式。

（《弗洛伊德全集英文标准版》，XII. 63）

弗洛伊德这样解释迫害妄想：病人对自己的同性恋感情首先否认：“我不爱他——我恨他”；然后通过投射演变为“他恨（迫害）我，这使我有理由恨他”。弗洛伊德深信，迫害者总是病人爱过的，与其同性别的某个人。

弗洛伊德大加利用了以下事实：施雷伯的父亲是一名著名的内科医生和教师，他对健康教育的观点当时被广泛认可。他53岁时早逝，那时施雷伯才19岁。弗洛伊德为他的解释申辩说，施雷伯对上帝的妄想最终源于他对父亲的情感，他指出，这样一个优秀的人比大多数父亲更能激起那种“带着敬意的顺从和带着反抗情绪的不顺从”，弗洛伊德认为这是男婴对待父亲的典型态度。

尽管弗洛伊德花了一番功夫查出施雷伯的父亲是丹尼尔·戈特洛·博莫里兹·施雷伯博士，并且发现施雷伯法官有一个兄长，但是他没再继续深入调查，从而了解施雷伯法官童年的真实情况，或者他的父亲究竟是个什么样的人。如果他继续调查，他就会发现施雷伯博士其实是一个独断专行、残暴的人。他的大儿子在38岁时开枪自尽，他的小儿子，施雷伯法官，变成了上述的精神病人。因为篇幅所限，我们在此就不赘述施雷伯博士是如何顽固地违背孩子的愿望，通过各种约束器件使孩子的身体保持绝对直立。他如何使用灌肠器来防止孩子夜间排便，及其他恐怖的做法。有关详细叙述可以参见默顿·柴茨曼（Morton Schatzman）写的《灵魂的谋杀》（纽约，1973）。

在第二章中，我提到了这样一个事实，弗洛伊德坚持将婴儿性欲幻想的持续存在或再度出现视作神经官能症的起因，这有时促使精神分析师们忽略影响人们生活的真实事件和环境。弗洛伊德对施雷伯父亲的真实情况的忽略就是一个显著例子。

弗洛伊德试图对施雷伯为何在51岁时第二次发病作出了解释。弗洛伊德认为在这个“更年期”阶段，无论男女，患病的可能性都在不断增加。他还指出，施雷伯失去了父亲和兄长，他自己没有孩子，尤其是没有儿子可以使“他的未满足的同性恋爱欲得以排遣”。因此施雷伯再度萌生了成为女性的愿望，弗洛伊德认为这是他在童年早期对其父亲抱有的愿望。

弗洛伊德认为妄想症的产生是基于和同性恋冲动相关的冲突，这一论点引发了大量相关研究。菲舍和格林伯格在整理这类文献时得出结论，实验性调查总体来说确实支持这个想法：“妄想症患者和非妄想症患者对有同性恋暗示的刺激作出显著不同的反应。”然而，弗洛伊德认为迫害者总是与当事人性别相同的论断并没有被证实。

施雷伯在他的病症急性发作的阶段，像很多其他患类似疾病的患者一样，认为一个巨大的灾难就要降临，也许是世界末日即将来临。在他基本康复出院之后，施雷伯依旧相信这个巨大灾难已经发生过了，但是至少部分地意识到，灾难是发生在他心中，而不是外部世界。弗洛伊德假定，在他病症急性发作的时候，这个妄想狂病人的世界终结了，因为他不再能维系与之的情感纽带。投射机制使他认为灾难只涉及外部世界而非他自己。随后，他在妄想系统基础上构建了一个新世界。弗洛伊德敏锐地观察到，这种妄想系统应该被视为“一种康复的努力，一个重建的过程”。在一个将精神病患者的妄想斥为病态的愚蠢行为，而不是一个值得研究和理解的现象的时代，弗洛伊德的言论可以说是具有令人震惊的独创性。

弗洛伊德关于施雷伯的研究使我们了解了他的很多思考过程和解释方法。这表明研究弗洛伊德著作时，去粗取精是多么重要。弗洛伊德关于施雷伯的疾病过程、他的嫉妒心、投射，及妄想系统的正面功能的评论都是很有启发性的。但是，他没能将施雷伯的性格框架与他的妄想内容与可以轻易确定的、他父母可怕的抚养方式联系起来，这是一个严重的疏漏。而且，有谁能真正相信，一个在中年时期出现的同性恋幻想可以被视作是这样严重的精神疾病突发的充分原因呢？即便在19世纪末20世纪初，一个高智商、受过良好教育、谙熟这个世界及其运作方式的法官，不太可能不知道男性和女性都有各种各样的、不愿公开承认的性想法和幻想，而它们造成的冲击不可能强烈到使他疯癫的地步。克拉夫特–艾宾（Krafft–Ebing）的《精神病理性欲》一书于1886年出版，书中描述了各种各样的性变态。性欲及其变异形式在当时的维也纳已不是一个陌生的话题。

弗洛伊德坚持认为婴儿性欲幻想是精神病的根源，但他对这一观点的表述很少像在施雷伯案例中那样缺乏说服力。尽管所有妄想狂病人在心理测试中都表现出对同性恋主题特别的兴趣或厌恶，但这并不足以证明没有解决的同性恋冲突就是妄想性精神疾病的唯一根源，而这更可能是一种更深层、更普遍的障碍的一部分。

第七章

玩笑与《日常生活中的精神病理学》

本书的第一部分主要是关于弗洛伊德对神经官能症和精神病在精神病理方面的研究，这是精神分析向一门综合性的心理学发展的起跳板。如第一章中所讲，弗洛伊德在从事精神分析的最初阶段就开始涉猎其他领域的理论。如果他将自己的研究只局限于精神疾病的各种形式，那么精神分析就不会产生如此广泛的影响；但是弗洛伊德深信，他有关人类动机和潜意识的发现不仅适用于神经官能症，而且适用于所有人类行为。

《日常生活中的精神病理学》成为弗洛伊德最畅销的书之一。它讲述了著名的“弗洛伊德失误”现象，即口误、笔误、记错名字、忘记意图及其他失误。弗洛伊德通过论证这样的错误或“失误动作”是受被抑制的、潜意识想法干预的结果来支持他的观点——所有心理活动都是由特定原因诱发的。荣格记录的一个案例即是一个简单的例子。

> Y先生爱上了一位女子；但是他没有成功追求到她，不久后她嫁给了X先生。从那以后，尽管他已经认识X先生很久了，甚至与他有生意往来，但Y先生却一再地忘记X先生的名字，甚至好几次当他想要与X先生通信的时候，他不得不问别人。
>
> （《弗洛伊德全集英文标准版》，VI. 25）

显然，Y先生对他成功的竞争对手的憎恨使他想要无视X先生的存在。

解释下面这个笔误的例子同样容易：

> 一个因为与妻子关系不好而离开她生活在欧洲的美国人，觉得现在可以和她和解了。他请她跨过大西洋在某日与他团聚。他这样写道："你可以像我那样，乘坐毛里塔尼亚号（Mauretania）船。但是他不敢寄给她写有这句话的那张纸，他宁愿重写，因为他不想让她注意到他是怎样更正了船

的名字。他最初写的是卢西塔尼亚（Lusitania）。

（《弗洛伊德全集英文标准版》，VI. 121-122）

卢西塔尼亚号船于一战中在爱尔兰海岸被德国潜水艇击沉。

弗洛伊德的例子并非都是同样地直接清楚。他的有些解释显得拐弯抹角和牵强。像我们在谈论梦时提到的，弗洛伊德会在需要时充分调动智慧为其理论提供支持。他给出的第一个例子正说明了这一点。弗洛伊德发现自己记不起来那个在奥维多大教堂画过一些著名壁画的画家的名字了。画家正确的名字是西尼约雷里（Signorelli），但是另外两个画家的名字波堤切利（Botticelli）和波查菲奥（Boltraffio）却总是浮现在他脑海。弗洛伊德对这一现象的解释占了整整4页篇幅，包括他不愿意对陌生人谈论性、他希望忘掉一个先前的病人的自杀及描述他的被压抑的想法如何导致了将西尼约雷里这个名字分成两半，并将德语中Herr（先生）这个词替代了意大利语Signor（先生）。Herr取自黑塞哥维那（Herzegovina），而Botticelli和Boltraffio中的“Bo”来自波斯尼亚（Bosnia）。黑塞哥维那和波斯尼亚当时都被土耳其占领，而土耳其人的性习惯是弗洛伊德不愿意向不熟的人提起的。他在特拉伏伊（Trafoi）停留时由于得知了他的病人自杀的坏消息，因此特拉伏伊因是波查菲奥（Boltraffio）这个名字的组成部分而导致他记错名字。弗洛伊德力图说明，这两个他希望避免的话题却在错记的名字中凸现了出来。他对强迫性仪式的形成也作了同样的解释，即仪式是被受害者压抑的、无法得到直接释放的一种本能冲动的间接体现。

弗洛伊德的解释极具独创性，虽然它难以诟病但终究又很难令人信服。像很多弗洛伊德对梦的解释一样，它看起来“未免太聪明了”；借助对潜意识的精神活动过分精细的论证去掩饰实质上并不重要的东西。很多口误和遗忘的例子确实符合弗洛伊德的论证，但是并非全部如此。例如，大多数上了年纪的人感到记名字这件事越来越困难，也许他们还能准确地记起名字，但是回想起它们所花的时间则需要越来越长。在第三章，我们质疑了弗洛伊德将婴儿失忆症完全归因于压抑的观点，并提出了可能的其他解释。对弗洛伊德的成人遗忘理论我们也有同样的质疑。例如，弗洛伊德没有考虑失掉记忆的社会情境，也没有考虑在最初记忆名字的时候，就有因情境不同而可能导致记忆强度的不同。一个人更可能回忆起与之度过整晚的某个新交的名字，而不是那个在聚会上被简单介绍认识的人的名字。但是，弗洛伊德在认定潜意识愿望和想法会在某些情况下干预回忆后，便笼统地认为在所有情况下都会如此。

塞伯斯提埃诺·丁伯纳罗（Sebastiano Timpanaro）写了一本书，名叫《弗洛伊德式失误》。书中他批评弗洛伊德没有考虑这样一个事实：很多失误属于那种所有作者都熟悉的错误——重复刚使用过的词和因为思想比笔跳跃得更快而遗漏一些词等等。精神分析师查尔斯·里克罗夫特在评论这本书时补充了一个由荣格首次提出的、关于自由联想的批评。弗洛伊德对错误的很多解释都依靠当事人和失误有关的相关联想。更确切地说，弗洛伊德通过这个方法迅速找到令联想者不安的元素；这些元素并不像人们通常会从弗洛伊德的理论中看到的那样总是与性有关；而是关于嫉妒、个人进步、偏见或者敌意，而这些对于进行联想的人来说都是不可接受的。任何真实地体验过自由联想的人都知道，这种方法必然使人在脑海中很快地浮现出关乎他情感的主题。里克罗夫特指出：并不能说得到了“重要素材”就意味着找到了引发错误的原因。

弗洛伊德早期走出诊疗室而关注日常生活的另外一个例子是对幽默的研究。《玩笑与潜意识的关系》于1905年首次出版。弗洛伊德早在1897年就开始收集犹太笑话；但是他对这一主题的研究兴趣是源于他的朋友弗利斯在读《梦的解析》的校样时对梦里充满了太多的笑话的抱怨。在回复弗里斯的信中，弗洛伊德写道：

> 所有梦者都一样地有些诙谐幽默得过头，他们需要如此，因为他们处于压力之下，而直接释放压力的路径被阻挡……所有潜意识过程中显示的机智都与玩笑和喜剧理论密切相关。
>
> （《弗洛伊德-弗利斯信件》，371）

弗洛伊德的论证十分清晰、有说服力，即使是阅读译文，他的大部分著作也是令人愉悦的。但是关于玩笑的这本书是一个例外。这部分上是因为在翻译过程中玩笑的幽默成分损失甚巨，部分是因为对玩笑的解释破坏了其幽默。

弗洛伊德分析了他所称的玩笑的**技巧**，并指出，玩笑运用的某些机制，尤其是凝缩和词的替换，实际上可以在梦中找到。一个英语例子是迪斯累里的一句评论：老年人容易于陷入anecotoge——将“轶事（anecdote）”和“老糊涂（dotage）”两个缩合在一起。类似的例子是称圣诞节节期为alcoholidays。弗洛伊德继续列出了其他一些梦中和玩笑中共有的机制：“移置、错误推理、荒谬、间接代表、相反代表。”然后他将玩笑分为主要两大类：“清白”玩笑和“倾向性”玩笑。前者只依靠语言上的机智，后者则要靠含敌意或淫秽的间接表达。弗洛伊德主要感兴趣的是“倾向性”玩笑。事实上，像我们会看到的那样，他在解释为什么“清白”玩笑会带给我们诸多快乐时会遇到困难，而解释“倾向性”玩笑带给我们的快乐时则没有这些困难，因为“倾向性”玩笑易于与神经官能症症状、口误和梦归于一类。

在这里，我们终于理解了玩笑达到的效果。玩笑使我们的某种本能（色欲或敌意）在遇到障碍后获得满足成为可能。他们规避了这一障碍，在一个那种障碍无法触及的地方提供了快乐。

（《弗洛伊德全集英文标准版》，VII. 100–101）

这个障碍可能来自内心的抑制也可能来自社会的压制，结果也许会导致一个人受到打击。在早期研究中，弗洛伊德就已将文明描绘成本能的敌人和压抑的诱发者。倾向性玩笑是规避由文明设立的、阻止直接表达淫秽和侵犯的障碍的一种方法。

在第六章里讨论弗洛伊德对躁狂症的解释时，我们注意到，他认为“快乐、狂喜或胜利”的状态的特点是精神能量突然而至，我们将这比作松开了汽车刹车。弗洛伊德认为，伴随玩笑的喜悦具有类似的特质。很容易看出，在倾向性玩笑中，开玩笑的人，通过把其淫秽的想法或侵犯的冲动用幽默的外衣掩饰起来，规避他的自我抑制。但是弗洛伊德也承认，纯粹的外部因素而非内心抑制也可能阻止这类冲动的直接表达。他引用了一个人们熟悉的故事，讲的是一个王子在人群中看到一个跟他长得很像的人后问道：

“你的母亲是不是曾经在皇宫里服务啊？”

“不是，殿下，在皇宫里服务的是我的父亲。”

通过玩笑，这个人可以向高高在上的王子表示敌意，因为后者的权势，他是不能直接对其表达敌意的。弗洛伊德认为，在这个例子中，玩笑带来了快乐是因为这个人在表达真实感受时没有遇到阻碍。

外部阻碍和内部阻碍情况的区别仅在于：在后者中一种现有的压制被解除了，在前者中一种新禁制的建立得以避免。如果我们认定不论是建立还是维护一种精神禁制都需要某种“精神损耗”的话，那么我们就不应该为此过于耗费心力。而且因为我们知道，在两种情况下，倾向性玩笑都能带来快乐，因此似乎有理由认为，**快乐的产生是与被免除的精神损耗相联系的**。

（《弗洛伊德全集英文标准版》，VIII. 118）

这样巧妙的解释是必要的，因为弗洛伊德需要一个同时适用于“清白”玩笑和“倾向性”玩笑的解释。“清白”玩笑依赖语言的精妙、双关、文字游戏、将不相合的词合并在一起等等。弗洛伊德曾写道，“我不得不这样说，玩笑技巧本身也是快乐的来源”，他仿佛并不愿意承认本能释放以外的东西也是可以令人愉悦的，但是他通过提出“清白”笑话带来的快乐也是节约精神能耗带来的快乐这一观点解决了此问题。当我们重新注意并喜欢上某种熟悉的事物时（这种情形在笑话中经常出现），或者当我们用语言将两种看似不相融的东西联系在一起时，我们是在做语言游戏，避免将力气花在批评性思考上以节约精神能量的损耗，从而达到快乐。

弗洛伊德将这种源自节约精神能耗带来的小快乐称为“前快乐”，并将其与性欲唤起的各种前快乐相比，“前快乐”即对生殖器以外身体其他部分的刺激给身心带来的快乐体验。最终，弗洛伊德这样解决了“清白”玩笑的问题，他声称：

> 清白玩笑，尽管它们包含的思想是非倾向性的，只能在理论意义上引发智力兴趣，但事实上它们从来不是真正非倾向性的。
>
> （《弗洛伊德全集英文标准版》，VIII. 132）

> 原本非倾向性的、始于游戏的玩笑，**接下来**被与目的相连接，而目的是所有头脑中存在的事物最终无法避开的。
>
> （《弗洛伊德全集英文标准版》，VIII. 133）

弗洛伊德认为，好的玩笑留下的是一个整体的印象，即人们很难分清它带来的快乐主要是源自玩笑的形式，还是它包含的思想。他把形式看作是一种使基本思想变得更易接受的包装，就像药片的糖衣一样。我们即将看到，弗洛伊德在讨论艺术的时候运用了同样的类比。他将美学形式视为艺术家们既隐藏他们"自我的白日梦"，又使其变得对他人来说更可以接受的一种手段。在这两种情况下，弗洛伊德都否认真正的快乐可以从形式上获得。我们从一个玩笑的机智语言中，或者从一个艺术家建立的美学秩序中所获得的任何快乐都是次要快乐；"前快乐"，在弗洛伊德看来，相对于最终快乐只是感官上的快乐。这与他认为倾向性玩笑要考虑到攻击倾向和性的释放的观点并不矛盾，在论述他的观点时，他仍将攻击性视为构成了性本能中的施虐方面。

也许令人惊讶的是，弗洛伊德没有承认，在运用权力和进行控制的过程中也有一种快乐在里面。当弗洛伊德在同一本书中谈论游戏时，他提到了一个名叫C.格洛斯（C. Groos）的作家，他在关于游戏的书中，谈到了“运用权力的快乐”和克服困难中的快乐。弗洛伊德将之斥为次级快乐。然而，我们必须承认，快乐来自技能的运用，不论这种技能是身体的还是心灵的。玩笑通常是某个老掉牙的主题的变形，但是只要玩笑本身体现了语言的机智和句法的简洁，我们就不排斥它。换言之，即使在显而易见有倾向性的玩笑中，我们欣赏的既是玩笑的内容也是玩笑的形式。玩笑的形式并不简单是贿赂、一种“激励性奖金”，如弗洛伊德所称的那样，它是提供快乐的重要因素。如果我们创造了一个新笑话，我们将会因自己的聪明才智而欣慰。如果我们听到了一个新笑话，我们会欣赏其创造者的机智。笑话是与形式相关的、与如何将不协调的事物联系起来并建立一种秩序相关。因此它是一种美学产物，虽然属原始美学一类。

寻找秩序、解释性原则，以及使分立的事物得以联系起来的共性，一直是人类必须要做的事。当弗洛伊德自己解决了一个一直困扰他的问题时，他一定体验过什么是

“找到了！”的快乐。然而，他却始终称这种快乐只是一种升华的快乐，并非最初的快乐。1930年，弗洛伊德写道：

> 这类满足，犹如一名艺术家从创作中、从赋予他的幻想实体中获得的快乐；或者一名科学家从解决问题或发现真理中获得的快乐，它们都有一种特质，对这种特质我们会有一天能从超心理学的角度去描述。目前，我们只能打个比方，这些满足看起来“更纯净、更高等”。但是，与那种从满足原始的、初级的本能冲动中获得的快乐相比，它们是温和的。它们不能令我们的身体感到震撼。
>
> （《弗洛伊德全集英文标准版》，XXI. 79-80）

在下一章，我们将评述弗洛伊德关于艺术和艺术家的观点。

第八章

艺术与文学

在20世纪，精神分析对艺术和文学产生了重大影响。弗洛伊德的潜意识概念、自由联想的运用以及他对梦的重要性的重新发现，鼓励了画家、雕塑家及作家去实验偶然的和非理性的东西，去认真对待他们的梦境与白日梦的内在世界，去发现他们之前可能会斥为荒诞或非逻辑性的思想和意象中的重大意义。像达达主义、超现实主义这类运动的兴起在很大程度上都要归功于弗洛伊德，还有很多文学作品，如弗吉尼亚·吴尔夫的《海浪》，都是依靠"意识流"技巧的运用。精神分析的地位确立之后，传记作者们开始感觉到，除非他们努力揭开从童年早期起就一直影响着他们笔下的人物的情感之谜，否则他们对人物的描绘就是不全面的。揭示一个人的性行为及性偏好几乎已经成为一种必须，因为弗洛伊德已下定论说，性欲是人性中的核心驱动力量。人们开始广泛接受这样的观点：即使政治家一类的人物也不可能被完全理解，除非将他们置于精神分析的聚光灯下。弗洛伊德曾与美国外交家威廉·布列特（William C. Bullitt）合著了一本介绍对美国第28任总统伍德罗·威尔逊（Woodrow Wilson）所作的精神分析的书。虽然一些著名的历史学家已经发现，精神分析理念在理解历史人物方面是有价值的，但是这本书被普遍认为是极其糟糕的，因为弗洛伊德和布列特对威尔逊持有严重偏见。例如，他们称他为"一位自命不凡的道学先生"，他们还写道："他是一个病态的、戴着眼睛的、害羞的、受父母和姐妹保护的人。汤米·威尔逊一生中从未打过架"，好像打架斗殴是拥有男性气概所必须的。他们还对他的宗教信仰予以蔑视，谴责他把自己看作救世主。这本有倾向性的传记是将精神分析作为"暗杀个性"的武器的早期例子。

弗洛伊德对艺术和艺术家表现出一种令人诧异的模棱两可的态度。如我们在第一章中注意到的那样，他对文学有着深厚的积累和热爱，这从他优美的文笔中彰显出来。他对雕塑也很有鉴赏力，对绘画也有一定的艺术感觉，虽然稍弱一些。但他自己写道，他几乎无法从音乐中获得愉悦。弗洛伊德写了几本关于艺术和艺术家的书和一些文章，其中最著名的是《詹森的“格拉迪瓦”中的错觉与梦境》、《达·芬奇的儿时记忆》、《米开朗琪罗的摩西》及《陀思妥也夫斯基与弑父情结》。

弗洛伊德相信，未得到满足的原欲的升华造就了艺术和文学。也就是说，他认为艺术家是将他们的婴儿性欲转化成非本能的形式而释放。如第三章中所示，弗洛伊德认为，对性本能中变态的、性前期成分的压抑，会阻碍性发展和导致性满足感的缺乏，这些症状在神经官能症患者身上都经常出现。如果这些冲动没有被压抑，而是因为这样或那样的原因被夸大了，那么这个人就会变成性变态而不是神经官能症患者。

处理这类素材的第三种方式涉及那些有艺术天赋的人。根据这一观点，艺术家是那些可能为了避免成为神经官能症和性变态患者而在他们的作品中升华了他们的性冲动的人。弗洛伊德没有尝试解释艺术家拥有的天赋的本质，也没有对人与人之间在灵活性、智力，或其他认知及感知能力上的差异等这些实验心理学家们研究的问题作出更多的解释。弗洛伊德关注的是动机。在他看来，动机最

图12　米开朗琪罗的雕塑作品《摩西像》，罗马圣彼得镣铐教堂。

终可能只是源于表现为攻击本能的死本能，或者源于性本能。而且，在弗洛伊德的思想框架中，动机应该被追溯到童年最早期出现的本能压抑。这种“本能”观点的局限性清晰地体现于弗洛伊德关于艺术和艺术家的著述中。如我们在上一章末尾谈到的，弗洛伊德认为人类使其经历秩序化以理解其意义的需求因为不能直接与享乐原则联系在一起而属于次级现象。但是静观艺术和科学，它们是两种十分不同的人类活动，都是致力于从复杂中寻找秩序，在不同中寻找统一；进行这些活动的冲动从生物学角度上讲具有适应性，也同样可以被看作是“本能的”。

这个局限意味着，弗洛伊德抛弃了他可能对艺术作品的形式的任何兴趣，而只关注它的内容。他在《米开朗琪罗的摩西》一文中谦虚地承认了这一点。

> 我会立刻说我不是艺术鉴赏家，只是一个外行。我时常注意到艺术品的主题比它们外在的形式和技法上的特征对我有更强的吸引力，尽管对艺术家来讲他们的价值首先在于后者。我不能正确地欣赏很多艺术中运用的手法和达到的效果。
>
> （《弗洛伊德全集英文标准版》，XIII. 211）

因为弗洛伊德注意的问题是内容而非形式，他自然会运用他解释梦、幻想和神经官能症的方法去解释艺术作品。因为他认定“艺术是一种升华”，那么他能做的和已经多少成功地做了的事情即是，从艺术作品中去发现艺术家在婴儿期内心有过冲突的证据。

从弗洛伊德描写列奥纳多·达·芬奇的文章可以看出这种方法的深刻性和局限性。历史资料显示，列奥纳多有同性恋倾向，而且是个私生子。在他出生的同一年，他父亲娶了另一个女人。他母亲在他出生不久之后也嫁人了。列奥纳多后来被他的父亲收养，在父亲的家中长大。没有历史记载显示列奥纳多与他的母亲或继母之间是怎样一种关系，或者她们是什么样的人。也无从知道列奥纳多何时离开母亲转由父亲和继母抚养；尽管有记录表明在他5岁的时候已经是父亲家里的一名成员。

弗洛伊德分析了列奥纳多对童年的回忆，列奥纳多称，当他还在摇篮里的时候，一只大鸟用它的尾巴多次撞击他的嘴唇，使他张开了嘴。弗洛伊德认为这在现实生活中是不可能发生的，这种观点是合理的。它很有可能是列奥纳多把后来的幻想移置到了童年早期。正如人们所料，弗洛伊德将这个幻想解释为被动的同性恋的一种表达；鸟的尾巴用来替代阴茎，想要把阴茎放到嘴里的愿望根本上是源自吸吮的经历，弗洛伊德称其为“我们生命中最初的快乐之源”。

但是为什么母亲由一只鸟代表？弗洛伊德认为那只鸟是秃鹰，并详细解释了母亲和埃及神话里的秃鹰之间的关系。他说，列奥纳多选择这只鸟来代表他的母亲是因为人们认为秃鹰只有雌性，因此对于一个没有父亲的孩子来说，秃鹰成为一种尤其适合的母亲形象。

遗憾的是，弗洛伊德的解释是基于一个误译。这只鸟不是秃鹰，而是鸢。秃鹰可以被认为与母亲有某种神话性质的关联，但鸢却不能。而且，尽管弗洛伊德承认没有关于列奥纳多何时被带到他父亲家中的具体记载，但他继续断言，那个幻觉暗示着列奥纳多在很小的时候是与他“穷困的、被遗弃的亲生母亲在一起，所以他一度感受到他父亲的缺失”。

我们不能责怪艺术史学家们将弗洛伊德的解释斥为无稽之谈；但是，我们还是可以从弗洛伊德的理论中去粗取精。弗洛伊德曾详细评说了著名画作《圣母、圣婴和圣安妮》。圣安妮被刻画得与她的女儿圣母马利亚年纪相差无几。弗洛伊德认为，列奥纳多选择了“母亲、祖母和孩子”这个画家们一般很少选择的主题，是因为他可能意识到父亲家里有他的祖母及继母。他还提出，画中两个女人年龄上的相近或许反映了列奥纳多实际上有两个母亲的事实：他的生母和他的继母。

这种推断看起来更有趣，也更为合理。一个艺术家刻画的人物形象及他们选取的表现手法，经常取决于他的资助人和他所处的时代，但是它们又注定会反映艺术家的个性及个人历史中的某些方面，尽管他本人也许并没意识到这种关联。然而，画家选择的人物形象是否与其婴儿时期被压抑的性幻想有关，这一点更难以确定。

弗洛伊德认为陀思妥也夫斯基（Dostoevsky）与莎士比亚的文学地位相差不远，他认为《卡拉马佐夫兄弟》一书是有史以来最宏大的小说。他声称，陀思妥也夫斯基对如此多的狂暴、任性、危险的人物的刻画，反映了小说家本人身上的类似倾向，他还指出，陀思妥也夫斯基曾承认对一个年轻女孩实施了性侵犯。陀思妥也夫斯基的朋友，传记作者斯特拉霍夫（Strakhov）在致托尔斯泰（Tolstoy）

图13 1508—1513年，列奥纳多·达·芬奇的《圣母、圣婴和圣安妮》画作。

的信中也提到过此事。也有故事记载，陀思妥也夫斯基曾向屠格涅夫（Turgenev）承认过这一点。这个话题在陀思妥也夫斯基的作品中也出现过不止一次。弗洛伊德也注意到陀思妥也夫斯基表现出来的施虐受虐狂特性，以及他的嗜赌成癖。弗洛伊德对陀思妥也夫斯基的精神病病理解释主要是基于这样一个论断：小说家的父亲，陀思妥也夫斯基博士，是“特别暴力的”人。他因此设想，陀思妥也夫斯基的这种性情的根源在于男性（施虐狂的）叛逆与女性（受虐狂的）屈服之间没有解决的冲突，而这种冲突正是他与父亲关系的写照。而且，陀思妥也夫斯基良心上的自我惩罚是源于他父亲的惩罚性行为。弗洛伊德写道：

> 因此陀思妥也夫斯基的问题是，他是一个具有特别强的内在双性性情的人，他能够十分有力地保护自己，而不去依赖一位特别严厉的父亲。
>
> （《弗洛伊德全集英文标准版》，XXI. 185）

事实上，虽然陀思妥也夫斯基博士严厉地要求他的孩子从小就要专心致志地学习，但是他也是一个十分认真负责的父亲，他在孩子的教育上投入了特别多的时间，从来没有对孩子实施过体罚，而且尽管他很难负担得起所需费用，他还是将孩子送到私立学校以免他们挨打。

约瑟夫·弗兰克（Joseph Frank）在他所著的关于陀思妥也夫斯基的权威性传记中提到，弗洛伊德在一篇发表于1883年的传记中读到一个脚注，这个脚注暗示了“有一个特别的证据表明费奥多尔·米哈伊洛维奇（Feodor Mihailovich）的病与他早年家中的一件悲剧事件有关”。虽然本段中没有任何关于惩罚或者其父的信息，但弗洛伊德回忆起他曾在文中某处的一封致斯蒂芬·茨威格（Stefan Zweig）的信中读到过上述内容：

> 在陀思妥也夫斯基的传记中，我读到过一段话，将此人后来的病痛的根源归结于他少年时期其父对其极度严厉的惩罚。

这个例子表明弗洛伊德并非故意地通过歪曲回忆内容以支持他构建的关于陀思妥也夫斯基的精神病理；这是实现愿望的幻觉而导致的错误回忆，正如《日常生活中的精神病理学》中描述的一样。疾病或“后来的病痛”指的是陀思妥也夫斯基的癫痫症。根据这个“证据”，弗洛伊德下结论说，陀思妥也夫斯基突发的疾病几乎可以肯定地说不是真正的癫痫病，是由情感冲突而非脑损伤引起的。他还认为，陀思妥也夫斯基在童年时代病症就“突然发作”过，这为他后来疾病的发作埋下了隐患，其特征是害怕死亡或突然陷入萎靡状态。约瑟夫·弗兰克最后作结，这些症状在陀思妥也夫斯基的童年时期都没有出现过，而是出现在1846年到1847年期间，当时陀思妥也夫斯基已经25岁。

据说陀思妥也夫斯基的父亲在陀思妥也夫斯基18岁的时候被农奴所杀。弗洛伊德将陀思妥也夫斯基的癫痫病，不论是否是“真的”癫痫，解释为是一种对自我惩罚的受虐欲望，并认为它开始于听到父亲被杀的消息。事实上，除了他女儿记述的、未经证实的“家族传统”之外，所有的证据都显示，陀思妥也夫斯基的第一次癫痫病发作发生在1850年，当时他身处西伯利亚监狱。医疗记录明确显示他遭受典型的“癫痫病大发作”式惊厥（即“真正”癫痫病）的折磨，而且他的儿子阿列克谢（Alekscy）在3岁时也死于癫痫病的事实进一步证明了他可能患有癫痫病，因为有证据表明癫痫病是可以遗传的。

此处引用的约瑟夫·弗兰克对弗洛伊德猜想的详细驳斥足以说明，一旦弗洛伊德得出一个结论，对他来说修正它非常之难，他往往只会选择支持他的设想的证据。我们不禁想起他没能发现施雷伯法官的父亲的真性情的失败。要指出的是，约瑟夫·弗兰克对弗洛伊德没有特别的敌意，虽然他对弗洛伊德对陀思妥也夫斯基性格的解释持怀疑态度，但他一度认定弗洛伊德的解释是建立在精确的数据基础之上的。只是当他详细研究了陀思妥也夫斯基早年生活的一些事件之后，才发现弗洛伊德的解释在单纯的事实层面并不十分可靠。

弗洛伊德的文章《米开朗琪罗的摩西》属另外一类。文中没有对米开朗琪罗童年生活的思考，也没有对他精神病理的解释。相反，他就艺术史学家们对这座雕像的论证进行了充满见地的、详细的述评，并对米开朗琪罗选取的人物姿态的意义进行了推演。读过这篇文章的人都会对弗洛伊德敏锐的观察力、对细节的关注及其谦虚的主张留下深刻印象，而现代艺术历史学家是否同意下面弗洛伊德对雕像的解释并不重要。

它是一种人类可能达到的最高精神成就的具体的表现，是为奉献一生的事业而成功战胜内心情感的写照。

（《弗洛伊德全集英文标准版》，XIII. 233）

这篇文章既反映了弗洛伊德渊博的学识也体现出了他相当强的观察力。具有讽刺意味的是，弗洛伊德关于艺术和艺术家的最佳论文却是一篇几乎不涉及精神分析理论的文章。

如本章开头所述，弗洛伊德认为艺术和文学是未满足的原欲升华的产物。尽管弗洛伊德认为，这种升华是生活在人类文明的各种制约之下的正常人所必须经历的，但是其观点好像暗示着，如果原欲被完全释放了，那么艺术和文学就没有必要存在了。同样也可推理出，因为艺术家们将他们如此大量的时间投入到了创作升华心灵的作品的活动中，那么他们一定比正常人更容易患神经官能症。弗洛伊德确实是这样认为的。

艺术家本质上性格内向，较易患神经官能症。他经受着超强的本能需求的压迫。他渴望得到荣誉、权力、财富、名誉和女人的爱；但是他缺少获得这些满足的途径。结果是，像其他任何一个未满足的人一样，他脱离现实，将他所有的兴趣和原欲转移到去恣意构建他的幻想生活，而这又可能导致神经官能症。

（《弗洛伊德全集英文标准版》，XVI. 376）

弗洛伊德认为幻想源自游戏。在他看来，游戏和幻想都涉及脱离现实，或者否认现实，因此在成长过程中应逐渐停止这类活动。

当成长中的孩子停止游戏的时候，他放弃的仅仅是与真实对象的联系；他不再**游戏**了，而是**幻想**。他修建空中的城堡，创造被称为白日梦的世界。

（《弗洛伊德全集英文标准版》，IX. 145）

创造性的作家所做的是和游戏中的孩子一样的事。他创造一个他非常重视的幻想世界——那是他倾注了大量情感的地方，同时他将其与现实严格区分开来。

（《弗洛伊德全集英文标准版》，IX. 144）

我们可以这样说，一个快乐的人从不幻想，只有不满足的人才幻想。幻想的驱动力量是未满足的愿望。每一个幻想都是一种愿望的实现，一个对令其不满的现实的矫正。

（《弗洛伊德全集英文标准版》，IX. 146）

神经官能症患者脱离现实是因为他们觉得现实不可忍受——无论是全部现实还是部分现实。

（《弗洛伊德全集英文标准版》，XII. 218）

因此，游戏、梦和幻觉常联系在一起作为弥补现实中不满的一些孩子气、逃避主义和实现愿望的手段。

在第五章里，我们提到弗洛伊德区分了两种精神活动，即“初级过程”和“次级过程”。前者受愿望实现原则和享乐原则支配，后者受有意识的计划和现实原则支配。

随着现实原则的引入，一种思想活动被分离出来：它不受现实的检验，始终只服从于享乐原则。这个活动就是**幻想**，它在孩童的游戏中就已开始，后来以**白日梦**的形式继续，它摈弃了对真实对象的依赖。

（《弗洛伊德全集英文标准版》，XII. 222）

尽管不情愿地，弗洛伊德还是承认了艺术家们并非只是运用天赋逃避现实的神经官能症患者。

艺术中产生了一种调和这两种原则的新方式。一个艺术家最初是一个背离现实的人，因为他不能妥协于放弃满足本能需求的现实要求，他在幻想生活中让他的爱欲和野心得到全部释放。但是，他发现了一条从幻想世界重回现实的路，即通过运用他独特的天分，将他的幻想铸入一种新的真理，这种真理被人们奉为对现实的可贵反映。

（《弗洛伊德全集英文标准版》，XII. 224）

这个对艺术及艺术家的奇特概念意味着，尽管艺术家可能侥幸避免罹患神经官能症，他的艺术仍旧是他间接获得本能满足的一种方式，如果他能更好地适应现实的话，他就会或者享受或者放弃这些本能满足。换言之，艺术根本上是一种对现实的逃避。在每个人都足够成熟，可以用现实原则取代享乐原则的理想世界里，将没有艺术存在的必要。

这个仿佛来自某个对文学和视觉艺术都极具鉴赏力、才气横溢的作家的结论，在大多数读者看来却极其怪异。如果弗洛伊德能够长寿到可以了解现代生物学思想的话，那么他也许会改变他的想法。

例如，生态学研究者普遍认为，小动物间的游戏就不是一种对现实的逃避，而是一种适应性活动。也就是说，游戏有助于探索，而且，通过运动步骤的重复，游戏还有助于肌肉技能的发展。小动物之间及年轻人之间的打斗游戏，或许是一种学习掌控攻击行为的重要途径，它也会有助于成年以后实现性满足。

如果从生物学意义上说，游戏是一种适应性活动，那么幻想是否也具适应性的呢？有一些“无意义的”白日梦适合弗洛伊德的逃避主义范畴，但不是所有的幻想都属于这一类型。爱因斯坦将思考定义为“自由的概念游戏”，并且强调那种不受现实对象束缚的创造性思考的重要性。如果没有不受拘束地想象，他将不可能得出相对论理论，尽管这个理论诞生后尚需日后实验进行验证。我们曾提到过，弗洛伊德认为《卡拉马佐夫兄弟》是最伟大的小说。虽然这本小说诞生于陀思妥也夫斯基的幻想，他还是包含了对真实人物的刻画，并且像每一部巨著一样，它提高和加深了我们对现实的理解，而不是提供了一种逃避现实的途径。

在第四章我们发现，弗洛伊德关于梦几乎总是一种被压抑愿望的虚幻实现的理论是站不住脚的。有些梦是应对创伤的方式；而有些梦是处理信息的方式。梦的后两种功能都不是逃避现实，而是接受现实。

游戏、幻想和梦，这三种弗洛伊德视为逃避现实、实现愿望的手段而联系在一起的活动，可以同样被看作适应性活动，尤其可被看成是对我们的内心和外部经历进行选择并重新合并的方式。弗洛伊德认为，艺术家的动机和科学家的动机是迥然不同的。艺术家创造性活动背后的驱力是表现为逃避现实的幻想的未满足原欲。科学家活动背后的驱力是对外部世界的掌控。因此艺术家所做的事情和科学家所做的事情自然有很大差异。但是，像我们已经提到的那样，二者都与创造秩序有关，都是从世界中和我们的经历中寻找意义，从差异中发现或构建统一。

近年来很多有创造力的精神分析师，如里克罗夫特、温尼克特、鲍尔比、玛丽昂·米尔纳（Marion Milner）和埃伦兹韦格（Ehrenzweig），都拒绝接受弗洛伊德将“初级过程”描述为古老、幼稚及适应不良的观点。幻想可能是逃避性的，但当它表现为创造性想象的时候，就会变成人类适应世界活动中至关重要的一部分。当戈雅（Goya）为他的《幻景》（Caprichos）作序时，以下铭文无疑是恰当而准确的。

被理性抛弃的幻想会催生可怕的恶魔；与理性相结合的幻想，是艺术之母，是艺术奇迹的源泉。

第九章

文化与宗教

总体上说，精神分析理论在人类学和宗教领域的应用是令人失望的。尽管弗洛伊德针对上述主题的观点通常并不被人类学家和神学家所接受，然而，它们的重要性在于论证了精神分析如何从神经官能症的一种治疗方法逐步演化成一种据称可以解释几乎所有人类行为的思想体系。

如我们已经提到的，弗洛伊德是一个非常有教养的人，但是他认为文明具有压迫性，因为在他看来，文明加于本能的限制已超过人类能够承受的限度，会导致某些神经官能症症状的出现。因此弗洛伊德热心于研究原始的、早期的、被文明牢牢约束之前的人类就不足为怪了。遗憾的是，弗洛伊德写作的时候是处于人类学的“扶手椅”时代，其特点是没有实地调查支持的大量理论的出现。当时，人们仍旧称那些属于文字出现以前的文化为“野蛮”

文化，而且非常没有道理地，像弗洛伊德一样将“原始的”等同于“神经症的”或者“幼稚的”。今天我们意识到，很多所谓的原始人类都能以非常复杂的方式适应他们的环境；但是在第一次世界大战之前，维多利亚时代的进化观点认为，从“野蛮的”开始发展到20世纪欧洲文明的灿烂顶峰是明显的进步，然而集中营真相的揭露和两次世界大战的经历已终结了人类的这种自满。

《图腾与禁忌》这本书最初以4个部分分别面世，后于1913年首次合成一册出版。弗洛伊德对人类学的思考基于的主要资料是达尔文的《人类的由来》、弗雷泽爵士（Sir James Frazer）的《金枝》及罗伯逊·史密斯（Robertson Smith）与阿特金森（J. J. Atkinson）的理论，而这些参考资料在当今都部分地或全部地遭到质疑。

图腾是一个部落内某个特定社会团体使用的象征性符号。它可能是一种动物，或者是一种植物或自然现象，例如雨，当然这比较少见。图腾是尊敬和崇拜的对象，它受到各种禁止杀戮、食用，甚至碰触它的禁忌所保护。然而，在特殊情况下，也可能会进行仪式化的杀戮和圣典式的食用图腾动物的活动。对特定图腾的忠诚定义了社会关系，信仰相同图腾的成员之间通常是禁止发生性关系的。

弗洛伊德将图腾解释为父亲形象的代表。因为他从三个病例中了解到有俄狄浦斯情结冲突的男孩子都对某种似乎是代替父亲的动物产生过幻想或恐惧。弗洛伊德自己的病人“小汉斯”就有害怕被马吃掉的恐惧，弗洛伊德认为这是孩子受到的压抑及随之而来对父亲产生的敌意投射造成的。

按照达尔文的理论，弗洛伊德设想，原始人以小团体或“游牧部落”为单位生活，受一个强大的男性统治，他不仅将所有女性据为己有，而且还驱逐比他年轻的男性竞争对手，以此防止乱伦的发生，并鼓励其他成员在团体之外结成性纽带。弗洛伊德提出，

> 一天，被驱逐出去的兄弟们集结起来，杀了他们的父亲并吃掉了他，终结了父权制部落……图腾宴，这个或许是人类最早的节日，就这样成为这类难忘的、罪恶的行径的重复，它标志了社会组织、道德约束、宗教等诸多的开始。
>
> （《弗洛伊德全集英文标准版》，XIII. 141–142）

弗洛伊德断言说，那些弑父者们备受这种罪恶感折磨，以至于：

> 他们通过禁止杀戮作为他们父亲替代物的图腾，来弥补他们行为的过失；通过释放妇女,放弃他们对女人的所有权来弃绝他们所取得的战果。因此，他们从因孝心而生的罪恶感之中创造了两个基本的图腾禁忌，正是由于这个原因其必然类似于俄狄浦斯情结中两个被压抑的愿望。无论谁违反了那些禁忌，他都会为犯下仅和原始社会相关的两项罪行而负罪。
>
> （《弗洛伊德全集英文标准版》，XIII. 143）

仪式性的图腾宴可以被解释为“被压抑愿望的回归”，是仇恨父亲的原始冲动的暂时的象征性表达，这种罪恶感通常是潜意识的。

弗洛伊德认为，这种原始时代的弑父事件是真实的，它在人类历史上留下了“不可抹去的痕迹”。换句话说，他相信拉马克遭受质疑的有关习得特征遗传的假设。达尔文的进化论在当时几乎每个生物学家的头脑中已取代了拉马克学说。虽然弗洛伊德深谙达尔文的思想，但是直到临终前他都顽固地认为，习得的特征可以被遗传，宗教和道德的起源确实可以追溯到某个具体的事件。

弗洛伊德对《图腾与禁忌》的态度似乎有些模棱两可。一方面他把它当作一个重大成就；另一方面，他曾提到："噢，别拿它当真——我是在一个雨天的周日下午构想出来的。"事实上，弗洛伊德除了对拉马克学说的坚信外，其理论还有几个站不住脚的地方。

第一，从人类学或者关于类人灵长类动物的研究中，并未找到只由一个男性统治的"原始游牧部落"的证据。达尔文的观点源自对大猩猩群落的组织结构道听途说的报告，而这在后来已经被证明是错误的。

第二，图腾宴极少见，只见于少数信仰图腾主义的部族中。

第三，弗洛伊德忽略了讨论母亲可能在图腾宗教里的重要性。这是精神分析理论中的典型遗漏，精神分析理论直到发展的后期，还一直习惯性地强调父亲的角色而忽视母亲的角色。这种强调也许是因为弗洛伊德与其父亲之间的问题要多于与其母亲的问题。

第四，作为弗洛伊德“图腾代表父亲”的理论基础的案例中，至少有一例可能得到十分不同的解释。5岁的“小汉斯”是弗洛伊德之友马克斯·格拉夫（Max Graf）的儿子，弗洛伊德只见过他一次，他通过他的父亲对这个孩子进行治疗。约翰·鲍尔比在重新审查了这个病案之后指出，像其他儿童恐惧症病人一样，小汉斯的恐惧很有可能是害怕他母亲消失而引起的。已被证实的是，他的母亲在教育小汉斯的时候使用了令人惊惧的威胁手段，如果小汉斯淘气，她就会威胁说她将离去，永不回来。

根据现代人类学、达尔文理论及鲍尔比关于“依附”的研究，人们很容易事后聪明地谴责弗洛伊德忽略了一些在他所处的时代根本不可能得到的证据。不过，《图腾与禁忌》中的观点确属比较离奇的推测，而且证明了弗洛伊德当发现可能支持他的精神分析理论的证据时，倾向于在事实基础尚不充分的情况下依然作出概括。托马斯·曼（Thomas Mann）在他1929年发表的文章中谈到，《图腾与禁忌》是弗洛伊德著作中令他印象最深刻的。这似乎有些令人费解，但是后来人们意识到他的评价并非基于人类学，而是完全从文学角度作出的。曼写道，《图腾与禁忌》

毫无疑问是弗洛伊德最具艺术价值的著作之一。无论从概念上还是形式上，它都是一部文学杰作，堪称最伟大的文学散文范例。

《摩西与一神教》是弗洛伊德的最后一本成书，直到他80岁以后才完成。人们对它的批评与一些对《图腾与禁忌》的批评相同。弗洛伊德有争议地认为，摩西，这个犹太民族的领袖和创造者，原本是埃及人，正如他名字的出处所暗示的那样。据《圣经》中关于摩西的故事记载，摩西的父母为了躲避法老的迫害，将摩西藏在河边的芦苇方舟里，法老的女儿从那里救了他。这位公主视摩西如己出地将其抚养长大，弗洛伊德藉此推断摩西就是她的亲生儿子而无犹太血统，这并非毫无根据。他继续推断说，摩西接受了法老阿赫纳吞（Akhenaten）策动的用一神教替代多神崇拜的思想革命。阿赫纳吞死后，出现了威胁一神教的反乱。摩西因此决心与少数被压迫的犹太人站在一起，通过一系列行动巩固了他们的犹太身份，即坚持一神教并奉行割礼，最终领导犹太人走出埃及去寻找希望之乡。尽管《圣经》记载摩西120岁时寿终，但是弗洛伊德情愿相信摩西是被自己人所杀，依据的是恩斯特·塞林（Ernst Sellin）那个一经提出便遭到其他犹太学者口诛笔伐的观点。弗洛伊德急切地采纳了塞林的假设，因为它能够支持他关于弑父情结和宗教起源的推论。弗洛伊德猜想，摩西的被杀加强了上文描述的、始于原始弑父情结的遗传的罪恶感，使犹太人潜意识中形成了持久的罪恶感。

> 似乎可以推测，对杀害摩西的懊悔产生了盼望弥赛亚(犹太人盼望的复国救主)归来的幻想，人们希望他回来救赎他的人民，带领他们到达他们的希望之乡。
>
> （《弗洛伊德全集英文标准版》，XXIII. 89）

大多数批评家将《摩西与一神教》斥为弗洛伊德最没有说服力的作品。像在《图腾与禁忌》中一样，拉马克学派关于习得品质的遗传假设也是这本书论点的不可或缺的组成部分。其他很多从历史学角度对本书提出的异议在此就无需罗列了。

在第一章提到过，弗洛伊德从未信奉过犹太教。虽然他承认，宗教可能有时在抑制神经官能症症状方面起到重要的作用，他坚持宗教信仰是一种愿望实现的幻觉。在弗洛伊德看来，神有三方面的任务：

> 他们必须驱除自然中的恐怖事物；必须使人接受命运的残酷，尤其是死亡中体现出的残酷；必须为文明生活带给人类的磨难予以补偿。
>
> （《弗洛伊德全集英文标准版》，XXI. 18）

弗洛伊德相信，宗教起源于人的无助感。成年以后，人们会面临各种各样的危险，从地震到疾病，它们对人构成威胁而人类无法控制。在小的时候，人们就更加无助，但是那时会意识到，父亲，无论多么令他生畏，至少能保护他免受一些常见危险的伤害。

> 从婴儿的无助及对父亲呵护的渴望中衍生出的宗教需求在我看来是无可争议的，尤其是因为这种感觉不是儿时需求的简单延续，而是因害怕命运的超级力量而永久持续着。我想不出在儿童时代能有任何比渴求父亲保护更强烈的需求。
>
> （《弗洛伊德全集英文标准版》，XXI. 72）

在一篇早些的文章中，弗洛伊德更着重强调了来自内心的危险。他指出了宗教习俗与强迫性仪式之间的相似之处。在他看来，强迫性仪式用于保护自我，不让压抑的幻觉、思想，或性冲动出现，同时是这些冲动置换或部分的表现。例如，一个病人总有不断洗手的强迫性冲动，在这种情况下，是一种对手淫的内疚表现。而且，他还强迫自己清洗单个手指，作出表示性交的淫秽手势。弗洛伊德认为，宗教作为文明的一部分，是建立在

压制、放弃某种本能冲动的基础之上的。但是，像神经官能症一样，这些冲动并非仅仅是性本能的组成部分。他们是利己主义的、对社会有害的本能，尽管他们通常并非没有性成分在里面。

（《弗洛伊德全集英文标准版》，IX. 125）

虔诚的人在忏悔词里承认他们是有罪的人，因此他们需要通过遵守一些仪式来抵御诱惑，来控制或抵挡那些总具有突围威胁的本能力量。弗洛伊德竟然断言说，宗教可以被视作“一种普遍的强迫性神经官能症”。

宗教通过让人们遵守仪式来抗拒其内心难以驾驭的冲动；通过让人们默许用文明限制个人自私的冲动，来保护他们不受外界危险的伤害。这种对本能冲动的弃绝使他们与他人达成某种程度的团结成为可能，因此减少无助感。

另外，宗教还许诺来生。这不仅减少了人面对死亡的恐惧，而且还暗示了为维护文明而放弃了尘世的享乐的人死后将被回报以天堂的快乐。

在本章开始我们已经提到，弗洛伊德将文明视为具有过度压迫性并会引发神经官能症。他对文明的厌恶还不止于此。人们有理由认为，他对自己冲动的极端、强迫性的控制，对他来说无疑是负担。弗洛伊德当然承认，如果人作为一个物种想要生存的话，那么文明化是必须的。但是他指出了文明使个体遭受的“伤害”。下面的引文显然旨在讽刺，但是它展示了弗洛伊德心中一个“自然的”人不受束缚时应该是什么样子。

我们已经谈过了文明的压力导致的对文明的敌意，及文明所要求的对本能需求的放弃。想象一下，如果禁止被取消，——如果一个人可以把任何他喜欢的女人作为性对象，可以毫不犹豫地杀死他的情敌或挡住他路的其他人，而且可以不经允许就任意拿走别人的财产——那将令人多么开心！生活中将会有多少满足啊！

（《弗洛伊德全集英文标准版》，XXI. 15）

这种灰暗的描写源于精神分析理论是一种“本能”理论的事实。也就是说，它主要关心的问题是一个孤立的个体如何找到，或如何没能找到释放他或她的本能冲动的方法。弗洛伊德理论给人的印象是，与他人关系只有在有助于本能满足时才有价值。友情或者其他种类的关系本身并没有价值。所有关系都被视作是“目的受阻的”性关系的替代。弗洛伊德对基督教戒律“你要像爱自己一样爱你的邻居”的批判也不足为奇，他把它称作是没有任何意义的戒律，因为“它的实现是不合理的”。我们即将看到，现代精神分析理论要比弗洛伊德更关注一个人从出生开始与他人建立的关系的质量和类型。

弗洛伊德对宗教的看法因以下几个原因易遭批判。首先，它完全是以父系为基础的。虽然圣母马利亚或者其他女神的重要影响已完全成为过去，维也纳当时仍是一个以天主教信仰为主的城市。这个遗漏在《图腾与禁忌》的讨论中也被注意到。

第二，弗洛伊德没有提及类似早期佛教的宗教。佛教似乎并不要求相信某一个或多个神，但是它指出一种能带来深远满足感的生活方式。

第三，就像弗洛伊德本人承认的那样，他无法理解令人心醉、神秘的经历，而这种经历对很多人来说是他们宗教情感的源泉。在弗洛伊德寄给他的朋友罗曼·罗兰（Romain Rolland）一本他反驳宗教的书《一个幻觉的未来》后，后者抱怨弗洛伊德不懂得宗教情感的真正来源。弗洛伊德写道：

> 他说这包含了一种特别的情感，一直伴随他左右，并从其他很多人那里得到过证实。他可能认为这种感觉存在于千百万人心中，他愿意称之为一种“永恒”的感动，一种无限的、无边无际的感觉—— 宛如“海洋般的”感觉。
>
> （《弗洛伊德全集英文标准版》，XXI. 64）

弗洛伊德恰当地将这种感觉描述成：

> 一种牢不可破的纽带的感觉，一种个体与外部世界合而为一的感觉。
>
> （《弗洛伊德全集英文标准版》，XXI. 65）

弗洛伊德将这种情感比作“爱到深处”的感觉，即感到与被爱的人完全成为一体的感觉。弗洛伊德将此解释为很早以前状态的极端回归。那是哺乳期的婴儿学会区分自己和母亲或自己和外界之前的一种状态。因此，陷入深爱状态和陷入海洋般的感觉都是幻觉。实际上，弗洛伊德认为陷入深爱是一种疯狂，一种“精神病的标准原型”。

弗洛伊德部分同意罗兰的观点，他承认，海洋般的情感及与宇宙合而为一的感觉也许在后来阶段会与宗教情感相连，他将此形容为：

> 一种寻求宗教安慰的最初尝试，好像它是消除自我认定的来自外界的危险的另外一种方式。
>
> （《弗洛伊德全集英文标准版》，XXI. 72）

虽然每个人都会自我欺骗和产生愿望满足的错觉，但是不同于弗洛伊德，那些经历过海洋般情感的人不会满意他的解释。不同的人，从宗教神秘分子到像海军少将伯德（Admiral Byrd）一样的探险家，对那种心醉狂喜的经历的描述暗示着，这样的经历是他们一生中最意义深远的时刻，有时会永久性改变他们看待自己和看待世界的方式。这种经历无需用宗教术语来解释，但它们也不应该被当作幻觉而摈弃。防卫性的愿望满足即便对那些沉浸于幻想中的人来说也有些不真实，但是海洋般的体验一定是深刻的、必然存在的。我们在这里不适合冒险去给海洋般的经历一个解释，但是足可以说，如果弗洛伊德本人曾经有过类似的经历，他可能会不得不考虑对这种经历作出其他的解释了。

弗洛伊德在结束《一个幻觉的未来》这本书时用了他处理特别有争议的问题的惯用方法，即他与一个假想敌之间进行对抗性辩论。弗洛伊德提出，在遥远未来的某一天，智力终将居主导地位，而宗教信仰将被摈弃。

我们可以一直坚持认为，人类的智力与他的本能生活相比是无力的，这一点上我们也许是对的。然而，智力的这种弱势有其特殊性。智力的声音是温和的，但是它永不停息，直到被倾听。无数次被拒绝后，它终将取得胜利。

（《弗洛伊德全集英文标准版》，XXI. 53）

弗洛伊德将智识等同于科学，尽管，如前文提到的，人们不可能认可弗洛伊德的看法，认为精神分析是，或者可以成为严格意义上的科学。弗洛伊德在书末尾写下了一句名言：

不，我们的科学不是幻觉。但是，认为我们可以从别处得到科学不能给予我们的东西则是一种幻觉。

（《弗洛伊德全集英文标准版》，XXI. 56）

也许值得一提的是，当弗洛伊德将假想敌的神灵称为“你的神”，即传统的、宗教信仰中的神时，他是在反对他讽刺地称为“我们的神”的真言——理性的声音。弗洛伊德的这种措词方式使我们对他有了更深层次的了解。排他地信仰理性和科学可能会像信奉神一样是缺乏理性的。毋庸置疑的是，弗洛伊德对精神分析的绝对信奉远没有足够的科学依据。

第十章

作为治疗师的弗洛伊德

精神分析技术

在第四章，我们简要描述了精神分析技术的三个方面：自由联想、梦的解析及移情和反移情。弗洛伊德写过数篇关于精神分析治疗技术的文章。即使像这样一本简短的介绍弗洛伊德的书，也一定要包括这方面的总结，因为他的方法几乎影响了西方随后出现的每种精神疗法。弗洛伊德阐述的治疗原则与传统医生在治疗实践中的原则是十分不同的，它创立于第一次世界大战前夕，在当时一定是具有革命性的。现代精神分析师很少坚持弗洛伊德的所有精神分析主张，但是精神分析和其他形式的精神疗法，大体上依旧遵循弗洛伊德的步骤，他创立的精神分析技术成为他留给后人的一份恒久的遗产。

早在1904年，弗洛伊德就针对筛选适合精神分析治疗的病人设定了一定的标准。他要求病人应当具有一定的教育水平、个性稳定。他拒绝接受精神病患者，即患有精神分裂症或特别严重的抑郁症（忧郁性疾病）的人。前文提到过，患有躁狂症或轻度躁狂症的病人很少咨询精神分析师。尽管有些精神分析师在这个方面无视弗洛伊德的建议，试图为精神分裂症患者作精神分析，但是结果都是令人失望的。

弗洛伊德意识到，心理疾病中精神病的病种可能会表现出神经官能症症状，而且可能不会立刻被意识到是一种更为严重的疾病。鉴于此，弗洛伊德明智地建议先有一个持续一到二周的试分析期。他十分谨慎地警告说，在**神经性食欲缺乏症**或其他需要立刻消除症状的危险情况中，不宜使用精神分析。

弗洛伊德认为，鉴于两种原因，接近或超过50岁的人不适合接受精神分析。第一，他担心病人在一生中积累的大量素材可能使治疗无限期地进行下去。现代精神分析师们已不再接受这个看法，他们经常能成功地治愈年长的病人。弗洛伊德提出的不接受中老年患者的另外一个原因更为有趣。他说，“老年人已经无法教育”，而青少年及儿童则“通常极易受到影响”。弗洛伊德经常称，精神分析治疗中直接影响和建议的作用甚微。而他又在这段话中说明，在精神分析中建议的作用比他通常承认的要大。

在第四章中，我们谈到了要求病人仰卧在躺椅上，而精神分析师坐在病人视线之外的两个原因。第一个原因是这样做可以鼓励病人的自由联想；第二，弗洛伊德承认他害怕被人一天8个小时、甚至更长时间地盯视；除此之外还有第三个原因，弗洛伊德认为，病人最好不要看到精神分析师面部表情的变化。这三个原因都有一定道理，大多数弗洛伊德派分析师们都继续使用躺椅。其他学派的分析师感觉使用躺椅太不自然，他们更喜欢病人和分析师相向而坐，实现一种面对面、看起来更平等的交流。

弗洛伊德建议精神分析师不要记笔记，因为这会干扰其保持“均匀分配的注意力”，使其无法坚持不对病人的话的重要性作预先判断的理念。弗洛伊德指出，分析师在某个特定治疗阶段听到的内容的重要性只能在日后评定。分析师必须像调整接收器一样将他的潜意识对准病人发出信号的潜意识。像调整电话听筒以听清发射信号一样，他必须调整自己以适应病人。

（《弗洛伊德全集英文标准版》，XII. 113-114）

任何一名从业的精神分析师都会认为这条建议是合理的。精神分析师们最常犯的错误之一就是给出尚未成熟的解释，即在证据不足的时候仓促得出错误结论。

人们一贯认为精神分析师漠然得不近人情；他们只关心解析病人提供的素材，而不因后者的痛苦而受触动。我们已经提到过，当弗洛伊德进行精神分析时，他的态度是“令人惊异地客观”。他写道：

我不能建议我的同事们在精神分析治疗过程中过于急迫地以外科医生为榜样。外科医生能撇开所有情感，甚至是人类同情心，全神贯注于一个目标，那就是尽可能技术高超地实施手术……要求分析师具有同样情感上的冷静的原因是，这能给医患双方都创造最有利的条件：对于医生，是一种理想的、对他自己情感生活的保护；而对病人，是得到我们今天能够给予他的最大限度的帮助。

（《弗洛伊德全集英文标准版》，XII. 115）

在一定程度上保持超然无疑是对分析师的合理要求。如果分析师与病人关系过于密切，那么他将不能保持客观，看不出病人如何应为自己的病难负责。另一方面，如果他坚持像弗洛伊德建议的那样态度超然，那么有一种危险倾向是，他将不能把病人当作有情感的人去理解。研究表明，分析师应能给予病人真正的关怀，他们对病人热情的接纳会促进病人个性的改变。精神分析及由它衍生出的其他形式的精神疗法不能真正被视为等同于外科手术，部分原因是我们不能再像弗洛伊德那样确定可以辨明每一例神经官能症中独立存在的病源。与被压抑的婴儿性幻想相比，现代分析师们更关注的是病人完整的个性，及他一生中建立的人际关系。这种关注要求分析师们持有一种不同于弗洛伊德所建议的态度。尽管分析师无论对病人的行为认同与否必须保持客观的态度，他必须传达卡尔·罗杰斯（Carl Rogers）恰当地言称的“无条件的正面态度”，即他必须真正将病人当作有血有肉的人来看待。

第四章中提到，弗洛伊德接受了荣格提出的分析师自己首先应被分析的要求。弗洛伊德接下来建议说，分析师应抵挡住谈论自己的个性和问题的诱惑，而在社会生活中当“一个信任值得换取另一个信任”的时候，受这种诱惑是自然的。弗洛伊德建议说：

> 医生对病人来说应该是不透明的；像一面镜子一样，应该只向他们展示所能展现给他的东西。
>
> （《弗洛伊德全集英文标准版》，XII. 118）

虽然并非每个精神分析师都同意，我认为弗洛伊德的这个要求是完全正确的。谈论自己是一种自我沉迷，分析师应该避免这样做。分析师在进行分析的时候，只能把自己视为病人的代理人。如弗洛伊德指出的，分析师的自我表露也会对解释移情造成无法克服的困难。

弗洛伊德警告防止说教，不要向病人推荐读物，不要试图引导获得解脱的病人走上分析师认为他应该走的新路。尽管有些精神分析师通过书和文章向潜在的病人介绍他们将会出现的症状，但是弗洛伊德再次有洞见地质疑这样的做法。阅读有关精神分析的著作易于引起智力争论而牺牲个人体验；给予未经请求的建议是倨傲的施予，因此是对一个独立自主的病人的贬低。

弗洛伊德建议说，大部分接受精神分析的病人除了周日和公共假日之外应该每天看医生，虽然他说过“轻微病例”或在治疗中“进展良好的”病例可以来得稍微少一些。他甚至觉得周日的间歇常都会对分析工作产生某种模糊影响。绝大多数现代精神分析师约见病人的次数远非如此频繁。这部分上是因为周六工作的习惯基本上已不复存在，部分上是因为只有少数病人负担得起精神分析的昂贵费用。多看一些病人但减少诊疗次数，自然对分析师有利，因为他可以每次收取较高的费用。弗洛伊德不会赞同这种对他治疗技术的变更。

弗洛伊德对困顿的病人可以非常慷慨，但是他对钱还是绝对现实的。他的原则是每天分给每个病人一小时治疗时间，并收取一小时的诊疗费，无论病人是否来就诊。乍一看，这似乎有些苛刻，但是弗洛伊德辩解说，除非要求病人付钱，否则他们经常会不来就诊以示抗拒，常会在即将获得某个新发现的关口找出多种理由不来。

弗洛伊德公开表示拒绝接收那些在分析治疗之外和他有任何关系的病人。

当分析师和他的新病人或其家庭存在友情或社会关系的时候，特殊困难就出现了。当精神分析师被请求对他朋友的妻子或孩子进行治疗时，他必须准备好牺牲那份友情，不论治疗的结果如何，如果他找不到一个值得信赖的人替代他的话，他必须作出牺牲。

（《弗洛伊德全集英文标准版》，XII. 125）

大多数精神分析师认为这个原则是合理的，尤其因为移情已经变成精神分析治疗中的核心问题，但是弗洛伊德本人也没能坚持遵守自己制定的规则。例如，弗洛伊德曾花了几年时间分析了他的女儿安娜，这是对精神分析原则的公然违背，大多数精神分析师会对此予以谴责。值得一提的是弗洛伊德的孩子当中只有安娜成为了精神分析师，她因对父亲恒久的热爱和奉献而一直未婚。在弗洛伊德患病晚期，是安娜而非他的妻子玛莎一直照顾他。

弗洛伊德经常违背他自己的训谕，时常谈论起自己，有时还聊起他的家庭。希尔达·杜利特尔（Hilda Doolitle）曾嫁给过理查德·奥尔丁顿（Richard Aldington），是埃兹拉·庞德（Ezra Pound）的朋友，据这位女诗人记载，年事已高的弗洛伊德曾用拳头捶打她当时所躺的躺椅的上端，说：

> 问题就是，我老了，你认为不值得你爱了。

但是那些批判弗洛伊德违反精神分析规定的人似乎忘记了，正是他创立了这些规定。

弗洛伊德自己的病例

弗洛伊德的病例十分闻名，既因为它们是他的精神分析方法的实例，也因为它们本身可以当作文学作品来研读。对弗洛伊德著作的细致分析显示，他顺带提到的有133起个案，但是只对其中6个作了长篇描述，其中包括弗洛伊德从未亲见的施雷伯法官和由父亲作中间介绍人的“小汉斯”。剩下的4个案例是弗洛伊德亲自诊疗分析的，

Sonder-Abdruck aus Monatsschr. f. Psychiatrie u. Neurologie. Bd. XVIII. H. 4.
Herausgegeben von C. Wernicke und Th. Ziehen.
Verlag von S. Karger in Berlin NW. 6.

Bruchstück einer Hysterie-Analyse.

Von

Prof. Dr. SIGM. FREUD
in Wien.

Vorwort.

Wenn ich nach längerer Pause daran gehe, meine in den Jahren 1895 und 1896 aufgestellten Behauptungen über die Pathogenese hysterischer Symptome und die psychischen Vorgänge bei der Hysterie durch ausführliche Mitteilung einer Kranken- und Behandlungsgeschichte zu erhärten, so kann ich mir dieses Vorwort nicht ersparen, welches mein Tun einerseits nach verschiedenen Richtungen rechtfertigen, anderseits die Erwartungen, die es empfangen werden, auf ein billiges Maass zurückführen soll.

Es war sicherlich misslich, dass ich Forschungsergebnisse, und zwar solche von überraschender und wenig einschmeichelnder Art, veröffentlichen musste, denen die Nachprüfung von Seiten der Fachgenossen notwendiger Weise versagt blieb. Es ist aber kaum weniger misslich, wenn ich jetzt beginne, etwas von dem Material dem allgemeinen Urteil zugänglich zu machen, aus dem ich jene Ergebnisse gewonnen hatte. Ich werde dem Vorwurfe nicht entgehen. Hatte er damals gelautet, dass ich nichts von meinen Kranken mitgeteilt, so wird er nun lauten, dass ich von meinen Kranken mitgeteilt, was man nicht mitteilen soll. Ich hoffe, es werden die nämlichen Personen sein, welche in solcher Art den Vorwand für ihren Vorwurf wechseln werden, und gebe es von vornherein auf, diesen Kritikern jemals ihren Vorwurf zu entreissen.

Die Veröffentlichung meiner Krankengeschichten bleibt für mich eine schwer zu lösende Aufgabe, auch wenn ich mich um jene einsichtslosen Uebelwollenden weiter nicht bekümmere. Die Schwierigkeiten sind zum Teil technischer Natur, zum anderen Teil gehen sie aus dem Wesen der Verhältnisse selbst hervor. Wenn es richtig ist, dass die Verursachung der hysterischen Erkrankungen in den Intimitäten des psycho-sexuellen Lebens der Kranken gefunden wird, und dass die hysterischen Symptome der Ausdruck ihrer geheimsten verdrängten Wünsche sind, so kann die Klarlegung eines Falles von Hysterie nicht anders, als diese Intimitäten aufdecken und diese Geheimnisse verraten. Es ist gewiss, dass die Kranken nie gesprochen hätten, wenn ihnen die Möglichkeit einer wissenschaftlichen Verwertung ihrer

图14 1901/1905年，多拉个案分析的第一版首页。

包括1900年接受了11周治疗的“多拉”、从1907年开始治疗了11个月的“鼠人”、一位18岁的未提及姓名的女同性恋（她的治疗在开始后“不久”就停止了）。第4个案例是著名的“狼人”，他的案例后来被跟踪研究了60多年，他到1979年才去世。

“多拉”病例的研究被恰如其分地命名为“一个歇斯底里症的分析片段”。多拉是一个18岁的女孩，她的父母婚姻不幸福，他们与另外一对同样不幸福的夫妻是很好的朋友，弗洛伊德称之为K先生和K夫人。K夫人是多拉父亲的情人。多拉对K夫人的感情即现今所谓的“迷恋”。K先生在多拉14岁的时候曾经对她实施过性骚扰，当时她强烈地谴责了他。当她16岁的时候，她宣布对K先生十分憎恶，并说他又对她作出了性举动。从那时起，她出现了歇斯底里症状，复发性失声、巨烈咳嗽、阵发性晕厥，而且忧郁、回避社交及有自杀企图。

多拉的案例很重要，如欧内斯特·琼斯记载，多年来它一直是精神分析研究者的典范案例。如弗洛伊德希望的那样，它展示了梦在精神分析中的重要作用，同时也证明了弗洛伊德在解析梦时的独创性。此外它还揭示了很多弗洛伊德意想不到的事情。在治疗之初，弗洛伊德就已认定多拉多年来一直爱着K先生，对于这个论断，多拉一直坚决否认，直到这个短暂治疗中的倒数第二次诊疗才接受。弗洛伊德将她一再的否认视为是对他的结论的一种证实，而非否定。

当一个被压抑的想法首次出现在有意识的感知中时，病人口中的“不”只会表明压抑的存在及其严重程度。它成为一种压抑强度指数。如果你不把“不”视作病人客观的判断（病人无法作出客观的判断），对它不予理会而继续分析下去的话，很快你就会找到证据，发现在这样的情况下，“不”的意思实际上就是渴望的“是”。

（《弗洛伊德全集英文标准版》，VII. 58–59）

然而，多拉在决心终止治疗前坚持否认她爱K先生（毕竟这个人比她年龄大很多）。正如有些人评述的，弗洛伊德的解释使她不知所措。直到在倒数第二次诊疗后，弗洛伊德终于能够写下下列文字：

多拉不再争辩。

（《弗洛伊德全集英文标准版》，VII. 104）

任何不带偏见研读多拉案例的读者都会得出结论说，一旦弗洛伊德决定了某一点，他不会接受“不”的答案，他会运用他全部的智慧及极强的说服力去迫使他的病人承认他是对的。如我们已经谈到的，弗洛伊德在写作中也是如此，尤其是当他设法预测他的假想敌可能会提出来的反对意见时，他更会这样做。

《一个女同性恋病例的心理成因》一文强调了现在精神分析师们普遍公认的一点，即被父母强行带到医师那里接受治疗的青少年很少会有改善。弗洛伊德也承认这一点，并指出，这个18岁的病人

在任何方面都没有毛病（她自己并没感到任何痛苦，也没抱怨过她的状况）。

（《弗洛伊德全集英文标准版》，XVIII. 150）

但是，6个月之前她曾企图自杀。弗洛伊德承认，同

性恋偏好转化为异性恋取向从来就不是一件简单的事。弗洛伊德提醒她的父母说，他们希望看到女儿发生上述转变的愿望很可能实现不了。在短时间内，精神分析显然没有起到作用，这个女孩批驳了弗洛伊德的分析解释。根据他的记述，基于这个女孩对父亲及所有男人的憎恨，她已经显示出了一种负面移情。弗洛伊德中断了治疗，并建议女孩从女性医师处寻求帮助。弗洛伊德关于这个女孩早期的性欲发展，关于她拒绝男性、爱上妈妈替代者的原因及导致她产生自杀企图的事件和情感的解释，都是相当有趣的。但是，为什么弗洛伊德在清楚意识到了这个病案中存在如此多与精神分析相反的指征后还是给她进行了治疗呢？答案就在这篇论文的第一句话里：

> 女性同性恋倾向并不比男性同性恋倾向少见，尽管远不那么引人注目，它不仅一直被法律忽略，而且也被精神分析研究所忽略。
>
> （《弗洛伊德全集英文标准版》，XVIII. 147）

很明显，弗洛伊德对她的治疗是为了弥补这个空白。

他一定已意识到，对某个并没有生病而且没有主动寻求治疗的人作精神分析，对这个人而言毫无用处，尽管对作为治疗师的他来说并非如此。弗洛伊德应该同意，在他心中好奇心和求知欲一直比他对治疗效果的任何期待都重要。他当时也许认为，正因为没有几个女同性恋者主动寻求治疗，所以他“利用”这个病人进行研究是合理的。

“鼠人”是一个完全不同的案例。它是弗洛伊德最有趣、最成功的病例之一。“鼠人”是一名29岁的律师，他在1907年10月1日首次问诊弗洛伊德。他抱怨自己有强迫性思想，即一些讨厌的想法和幻想会自动进入他的脑海，无法除去（不熟悉这种感受的人可以回忆一下这种常见的经历：一支曲子“萦绕在脑海”，挥之不去）。困扰欧内斯特·兰泽（Ernst Lanzer，“鼠人”的名字）的思想确实恐怖。其中包括害怕某种可怕的事即将发生在他喜欢的人身上，即发生在他的父亲或者他倾慕的一位女性身上的恐惧。弗洛伊德惊奇地发现，他害怕父亲出事的强迫性恐惧一直持续着，尽管他父亲已经去世多年了。

但是最糟糕的强迫性想法与他服兵役时别人告诉他的一种东方的惩罚方式有关。那是将一个盛满老鼠的罐子系在罪犯的屁股上，目的是让老鼠从犯人的肛门进入他的体内。兰泽承认，他曾设想过将这样的惩罚施加到那位上文提到过的女性身上的情形，他觉得只有迫使自己执行某种强迫性的仪式才能抵挡这种危险。

弗洛伊德对这个病例长篇的，但并不一定全面的描述构成了**标准版**第十卷的后半部分。它体现了弗洛伊德最睿智、最令人信服的一面。弗洛伊德将强迫性怀疑和正反情感并存最终追溯到爱与恨的冲突，这种分析是有说服力的。由于他自己的强迫性个性，弗洛伊德明显对强迫性神经官能症患者有特殊的移情。他成功地为“鼠人”摆脱了痛楚、恐怖的想法，他写道：

> 持续了近一年的治疗使病人完全找回了原来的个性，除去了他的情感抑制。
>
> （《弗洛伊德全集英文标准版》，X. 155）

怀疑论者也许会指出我们对欧内斯特·兰泽没有进行长期跟踪研究。从童年早期就开始受到强迫性思想和习惯折磨的强迫性神经官能症患者，很少能够永久摆脱症状，在他们受到压力的时候，很容易会旧症复发。如我们将要看到的，在接下来的“狼人”病例中情况即是如此。“狼人”接受了精神分析历史上无可比拟的漫长跟踪研究。

弗洛伊德将他的“狼人”病案命名为“一个婴儿神经官能症的历史”。“狼人”是一个在大庄园里长大的富有的俄国人。他于1910年2月首次问诊弗洛伊德，直至1914年7月结束治疗。弗洛伊德记录说，当时他认为他已痊愈。这个病人在回忆录中写道，当1919年春第一次世界大战结束以后，他再次拜访弗洛伊德的时候，他对自己的精神和情感状态非常满意，而且没有想过继续进行精神分析治疗。然而，弗洛伊德在听完他的自述后，却不这样认为，他建议他再接受一段时间的治疗。弗洛伊德从1919年11月开始继续对他治疗，直到1920年结束。之后他报告说：

> 还有一点一直没有被攻克的移情问题，现在终于得以成功地解决。
>
> （《弗洛伊德全集英文标准版》，XVII. 122）

像“鼠人”一样，从童年早期开始，“狼人”就一直不同程度地受到复发性抑郁和各种强迫性症状的折磨。他的别名得于他四岁起对狼产生的恐惧，更确切地说，是来自他当时做过的一个噩梦。他梦见自己看见六七只白色的狼坐在他卧室窗外的一棵核桃树的树枝上，他被吓坏了。弗洛伊德写道，他坚信在这个梦的背后隐藏着诱发病人婴儿神经官能症的原因。这里我们不可能详细描述弗洛伊德得出这个解释的具体步骤。事实上，他或许是明智地，在自己的描述中也省略了很多这方面的细节。他“从梦者潜意识记忆痕迹的混乱中”得出的结论是，患者在一岁半左右躺在小童床上的时候，他目睹了父母之间的性交行为。从精神分析的早期发展开始，弗洛伊德就坚信，看到父母性交的“原始情景”会对小孩产生创伤性后果。这表明了他的大多数病人都是来自上层社会，因为在穷人狭促的房子里，小孩子们一定会一周目击好几次这样的情景。弗洛伊德不止一次暗示说，劳动阶层不容易上患神经官能症。

弗洛伊德如此坚信他的解释，他自信地写道，他的病人的性生活因早期的这个经历而变得“支离破碎”。然而“狼人”自己并没有回忆起这样的事件。因为弗洛伊德禁止他作出评判，他当时似乎接受了弗洛伊德的病理重建。但是后来他显然再没有那样做。他在87岁时接受一个采访时透露：

你知道，我从未把那种梦的解析当回事。在我的故事里，梦解释了什么？弗洛伊德将一切起因都追溯到他从梦的解析中得出的原始情景。但是那个情景并没有在梦里出现过。他把白色的狼解释成男人的睡衣或者类似的东西，比如床单或衣服，我觉得是牵强的。梦中开着窗子的那个场景、坐在那里的狼，他的解释，我不知道，我觉得这些都毫无关联。实在是太牵强了。

他在对弗洛伊德的分析描述中，反复强调弗洛伊德的个性是如何令他印象深刻，他是如何在弗洛伊德身上找到了父亲的影子。弗洛伊德

对我相当了解，就像他在治疗过程中经常告诉我的那样，这自然加深了我对他的依附。

“狼人”透露，弗洛伊德与他讨论陀思妥也夫斯基，谈论他儿子的滑雪事故，并且在他觉得合适的时候，毫不犹豫地给他直接的建议。在第一阶段治疗结束的时候，弗洛伊德建议“狼人”送给他一个礼物，认为“这样他的感激之情就不至于过于强烈”。“狼人”听从了他的建议，将一个埃及小雕像藏品送给了他。毫无疑问，“狼人”这个阶段状况的改善与弗洛伊德关于婴儿性经历的分析解释毫无关系，相反与弗洛伊德在他心目中的形象密切相关。他把弗洛伊德当作可以依靠的、充满同情心的父亲般的人物。

当“狼人”在战争之后回来接受第二阶段分析的时候，他已经失掉了所有的财产。弗洛伊德免费为他治疗，还亲自给他经济帮助，并且曾持续有好几年为他从其他途径募集治疗费。1926年，他从鲁思·麦克·布伦斯威克（Ruth Mack Brunswick）博士处接受了另外一段分析治疗。从那以后，他断续接受了布伦斯威克博士和至少3名其他的精神分析师的治疗。精神病学家会认为这是一例典型的慢性强迫性神经官能症。他最终在1979年5月7日去世，享年92岁。卡林·奥布霍尔泽（Karin Obholzer）一系列直到他去世前的采访记录显示，他在近90岁时，与女人相处仍有困难，仍会时常感到抑郁，也依然被强迫性想法和习惯所折磨。弗洛伊德的这位最著名的病人并没有像弗洛伊德与之最初接触时所期望的那样，成为宣传精神分析的活广告。

即便考虑到在呈现精神分析病例时不违反对病人的保密原则的困难，经弗洛伊德本人长时间治疗并详细描述过的病例数目还是实在太少了。而且，在这些病例中只有一例显示了病症得到实质性改善的令人信服的证据。费希尔（Fisher）和格林伯格（Greenberg）总结说：

> 弗洛伊德从来没有以统计学或者个案分析的形式展示过任何数据，以表明大量他亲手诊疗过的病人从他的治疗中获益。

这是为什么呢？有人会说弗洛伊德提供不出这样的数据是因为他的治疗没有产生多少良好的效果。我个人认为，原因在于弗洛伊德对思想理念的兴趣，要远远大于他对病人的兴趣。他想要的是能够陈述他的思想的时间和机会，从而说服整个世界都认可和接受他对人类的革命性的洞见。至于他描述的病例是否能够证明精神分析是一种有效治疗手段对他并不重要。他看重的是他选择的病例要支持他关于人性的理论。

第十一章

今日的精神分析

虽然弗洛伊德自己主要关心的是精神分析的研究和精神分析理论而非治疗法，但是读者会希望了解精神分析现在的地位如何，例如，它是否被认为是治疗神经官能障碍的有效疗法。虽然大量研究都致力于讨论这些问题，但是还是很难给出答案。这其中有很多原因。

首先，研究表明精神分析师在治疗目标和预期以及他们对待病人的方式上存在很大差异，这使得即使在弗洛伊德学派内部都不可能存在一种确定的、可以称之为“精神分析”的心理疗法。大多数旨在检验精神分析成果的研究都没有充分考虑这些变量。看起来相对明确的是，按照弗洛伊德最初设定的方式进行的精神分析，如使用自由联想、躺椅、每周诊疗5到6次等方法，在缓解神经官能症痛苦方面，并不比相对不太深入密集、以分析为主导的心理疗法更为有效。在20世纪50年代，艾森克（Eysenck）等人曾力图证明精神分析毫无效果。他们对精神分析的抨击引发了大量研究。虽然不能说弗洛伊德运用的精神分析比由它演变出来的其他形式的心理疗法更为有效，但是人们一致认为，一个饱受神经问题折磨的人如果能从一个经验丰富的精神治疗师处得到帮助，当然要比她坐等痛苦自然消退更有可能康复。

第二，很难定义什么是治愈。弗洛伊德最初创立精神分析时旨在除去病人的歇斯底里和强迫性症状。早期的精神分析师和他们的病人曾热切地进一步希望，精神分析能带给他们个性和性格结构上的深刻变化。当时他们十分关心的是，是否对“X”或者“Y”进行了“透彻的分析”，仿佛这是可以实现的。弗洛伊德本人没有表达过这样的奢望。今天，大多数精神分析师已不像弗洛伊德那样自信能够确定神经官能症的“起因”。当精神分析起作用时——它当然可以起作用，是因为它可能使病人有效地控制了他的精神病理，而不是将其根除。寻求精神分析帮助的病人会感到绝望，无法应对他们的问题，而使他们对自己的长处和局限有更好的了解对他们而言经常是极有帮助的，即便他们的个性并没有因此得到本质的改变。

在另一本书中，我曾引用自己的一个病例以充分说明评价任何形式的心理疗法都是困难的。我收到了一封25年前我在国家卫生部工作时曾经短暂治疗过的一位病人的来信。他想要我治疗他的女儿。他在信中写道："我可以真诚地说，您对我的痛苦6个月的耐心聆听，对我的生活方式产生了极重要的影响。尽管我的异性装扮癖没有痊愈，但是我对生活及对他人的看法得以重新确立。为此，我不胜感激。这是我一生永远不会忘记的事情。"

对这个病例的治疗可以被评价为可悲的失败，因为他的主要症状——异性装扮癖，没有被治愈。但是，阅读他治疗结束这么久之后的来信，人们会承认，某种重要的变化确实发生了，而这直接归因于治疗。我当时给这位病人的有限的精神治疗使他变得更能够接受自己和处理自己的病理问题，而不是对疾病不知所措。这样的治疗结果比人们通常认为的要更常见，但是如何科学地对其评价还是一个尚未解决的问题。

在第一章里，我们简要描述了强迫性个性的一些方面。这样的个性是容易辨认的。尽管强迫性症状可以减轻，如“鼠人”病例那样，但是构成强迫性个性的基本特质是不能被精神分析师消除的。从20世纪30年代到50年代，精神分析被过度吹捧，尤其在美国。人们期望它能实现比弗洛伊德声称它能达到的还要更多的目标。病人和精神分析师都充满信心地期望获得个性上的根本转变；精神分析治疗的时间也一再延长。我清楚地记得出现在1929年牛津精神分析大会合影中的一位年长的英国精神分析师向我讲述了他曾用几年时间治疗过一位年轻人。W博士坚信，他的病人一定是在很小时候遭受过同性恋侵犯。只要他能够突破自我防卫，回忆起这个事件，W博士确信这个病人就会康复。然而事实上根本找不到能证明这样的侵犯确实发生过的证据。

那一代精神分析师已逝去。现代的心理治疗师更是怀疑论者。事实上，“狼人”病例恰好预示了弗洛伊德自1939年9月23日去世后，精神分析思想体系上发生的一个重大变化。弗洛伊德显然认为，在他结束第一次治疗以后，病人明显的痊愈是因为他在婴儿期可能看到的原始情景进入了他的意识之中。但是，“狼人”并不这样想。他批判了弗洛伊德对他的精神病理的构建，但是不断地强调他对弗洛伊德的敬仰。

如果你用批评的眼光看待所有事情的话，你会发现精神分析里没有什么东西站得住脚。但是精神分析帮助了我。他是一个天才。

“狼人”继续回忆说，他父亲死后不久他开始接受弗洛伊德的治疗；他与父亲的关系一直不好，因为父亲更喜欢他的妹妹；正因为他父亲的死，他对弗洛伊德产生了一种移情，这种感情如此强烈以至于他说自己“崇拜”他。

换句话说，“狼人”将他病情的改善完全归功于他与弗洛伊德的关系；归功于他找到了一个比亲生父亲更能容忍和接纳他的新“父亲”；这个人四年来随时准备倾听他私密的、有时是骇人听闻的自白，对他从不批评、厌恶或谴责。

在第四章里我们简要描述了移情的问题。20世纪50年代以来，精神分析师们已经从弗洛伊德的本能理论转向被不恰当地称为“对象—关系”的理论，即将神经官能问题归因于早年的人际关系障碍，而非被阻碍的本能发展。弗洛伊德最初使用“对象”一词，是指原欲为了获得性释放而指向的对象。这个对象通常是人，但是这个词也可以指人的一部分，例如乳房，或者人的替代物，如物神或动物，只是着重点发生了改变。弗洛伊德主要关注的是发掘被压抑的婴儿性幻想，他坚信是它阻碍了神经官能症患者的原欲发展。因为病人的性欲仍旧停留在一种婴儿状态，所以神经官能症患者不能获得成年人能拥有的性满足，而弗洛伊德视其为精神健康**必要条件**。

当然，弗洛伊德意识到了，如果一个人在早期缺乏父母的关爱，或与父母的关系有障碍，那么这也会成为影响他发展的因素，但是他的重点放在了通过解除压抑和发现儿童早幼期出现的幻想或创伤性事件来治疗封闭的个体，像他在“狼人”个案中所做的那样。弗洛伊德将精神分析的治疗性目的定义为：

事实上，它的意图是强化自我，使自我更加独立于超我，扩展其感知领域，扩充其组织，从而使它能够容纳本我的新鲜部分。哪里有本我，哪里就应该有自我。它是一种创造文明的开拓和耕耘——如同排干须德海[1]的水造田一样。

（《弗洛伊德全集英文标准版》，XXII. 80）

在这段话中，没有一个词提到改善病人的人际关系。

精神分析的对象—关系学派的关注点是，人从婴儿时期开始建立起来的各种人际关系。它尤其强调孩子与母亲之间关系的重要性，而弗洛伊德最初没有考虑这些。所有精神分析师都继承了弗洛伊德的以下观点：成功的性关系是人类健康和快乐的重要元素。但是他们认定，获得满意的性关系的能力依赖于之前建立起来的、与父母或其他照料人之间安全可靠、充满关爱的关系。对弗洛伊德来说，性在先，依恋在后。对约翰·鲍尔比，这位最重要的对象—关系学派理论家来说，稳定的依恋在先，性在后。

这种着重点的改变带来的后果是，现代精神分析尤其注重对移情的分析。在早幼期被误解、抛弃或虐待的病人，往往一生都会认为每个他遇到的人都会这样对待他。如果他在某种潜意识的层面上认为每个女人都会批判他或

1　位于荷兰北部，原为北海一海湾，1932年后经筑堤坝拦截，同北海分开，内部相当大一部分已改造为圩田，所余水面称作艾瑟尔湖。——译注。

者抛弃他，那么他怎么可能获得满意的性关系呢？而且，他会对精神分析师也会采取类似的态度。我们早幼时受到的对待注定会影响我们对他人将如何对待我们的期待。精神分析师的任务就是指出这种心理重复，并且通过不断让病人注意到他对分析师作出的错误假设，给予他一种更正面的情感体验，逐渐将他们之间的关系转变为一种病人能从中感到被接受和被理解的关系。在严重的病例中，病人可能永远达不到这个理想的阶段；或者他可能学会了信任分析师，但是不能将这种信任给予其他人。更理想的情况是，病人会将新找到的安全感转给他人，因为他现在已经能够信任别人、找到爱和幸福。

这段简要的介绍看似偏离了弗洛伊德这个话题的主线，但是并非如此，因为它可以使我们更好地了解弗洛伊德精神遗产中的一个至关重要的部分。一个对精神分析一无所知，仅读了上一章弗洛伊德对病例的简要描述的人，可能会将精神分析理论中的大部分观点斥为无稽之谈，他这样做是有情可原的。因为除了“鼠人”以外，其他病人的症状都只得到短暂的改善或者根本没有改善。弗洛伊德的一些心理重构似乎显得牵强。而且，今天，很多人都可以列举出几个他们熟识的人，曾经长期接受精神分析治疗，但是没有痊愈，或病症没有丝毫消除。那么为什么这些人坚持这种昂贵的、看起来没多大用处的治疗呢？为什么很多精神分析师继续收治那些并不一定会消除症状的病人呢？人们可能会对此冷嘲热讽道，只要病人愿意继续治疗，并作好继续付费的准备，那么精神分析师没有理由让他们离开。但是大多数精神分析师并不缺少病人，而且对于他们来说，治疗那些症状能消除并且病情能显示出令人信服的改善的病人，要比继续治疗不会收到效果的病人要有益得多。

事实上，今天寻求精神分析治疗的病人与问诊弗洛伊德的那些病人已经十分不同了，这使情况更为复杂。弗洛伊德的病人因明显的歇斯底里症或者强迫性神经官能症而来就诊，而当今的病人经常问诊的是萨斯（Szasz）称作的“生活中的问题”，即人际关系问题，或者因对生活的不满而寻求治疗。这引发了精神分析领域里的一些争议。精神分析的目标是减缓或消除神经官能症状呢，还是获得自我认识？二者都是值得嘉许的目标，而且都可能在精神分析过程中部分地实现。但是这是病人想要的一切吗？

很多人低估了弗洛伊德治疗方法的革命性及它产生的影响，这无关乎洞察力与症状的诊疗方法。精神分析提供了一种独特的、生活中任何其他情景所不能比拟的经历。有什么其他社会场合能有一个专注的聆听者一小时又一小时、年复一年地总是那样宽容地理解和接纳他人呢？能够有一个坚定的朋友或父母替代者，他从不拒绝，从不生气，从不实施惩罚？很多寻求精神分析的病人选择治疗是因为他们感到从未有人理解他们或者接受他们；或者是因为不敢向任何人透露他们的真实感受，他们认为如果他们这样做了，将遭到拒绝。有些时候，精神分析可能是一种痛苦的经历，但是即使症状不全部消除，这种经历也经常让人受益匪浅，以至于精神分析师们抱怨说，他们主要的困难是如何终止分析治疗，而不是如何劝说病人坚持下去。弗洛伊德在给“狼人”治疗的第一阶段遇到了同样的困难，最后他不得不定下一个分析治疗必须终止的日子。

弗洛伊德的诊疗技术要求分析师采取一种完全不同于传统医患之间的态度，无论在过去还是现在，这都比他的婴儿性欲理论重要得多。我们已经看到，他引以为豪的关于梦的理论经不起推敲。弗洛伊德对他的发现中何为重要的，何为有疑问的一再抱有错误的看法。他对“狼人”婴儿性欲病理的重建只是无法证实的猜测。而他低估了他对狼人的接纳、他的耐心及长久持续的关怀的重要作用，但是这种影响是巨大的。

第四章曾提到弗洛伊德不愿意承认他在病人情感方面的重要性，因为他希望自己被看成是高超的技师、一个不夹杂个人情感的探索者、一名客观的科学家。他处理移情的方式是完全将其视为一种重现：一种病人父母具有的特性在他身上的投射，在现实中与他无关。对于这样看待移情的方式会有以下两个反对理由。第一，如第四章所示，有些病人对分析师持有正面的、他们未曾有过的情感；他们对父母不会有这种情感，因为后者是冷漠、敌对或是拒纳的。第二，弗洛伊德低估了他的具有长期特性的技术对眼下的重大影响。他认为精神分析注定是漫长的，因为深入病人婴儿期的秘密中需要时间。但是痛苦的、被疏离的人需要和重视的是拥有一个他们觉得有洞察力并能接受他们的，和善的且能够长时间持续关怀他们的人，无论这种接受是否会减轻病症或者提高自我认识。如果通过治疗能获得任何积极效果的话，这是最起码可以期待的效果，是不应该被低估的。最理想的情况是，精神分析及由其衍生出来的各种形式的精神疗法，能够洞察和缓解痛苦症状，并能提高建立富有成效的人际关系的能力。

现代精神分析师已经认识到准确定义精神分析的本质的困难，但却尝试作出了五个基本假设。第一，精神分析是一门普通心理学，它既适用于神经官能症病人，也适用于正常人。因为我们每个人都有某些神经官能症状，神经官能症患者与正常人之间的区别只是程度上的差异，而不是类别上的差异。

第二，精神分析师们接受了弗洛伊德构建一种心理机制的做法，这种机制既从外界接收刺激，又与体内的生理系统相互作用。精神分析不同于实验心理学家在实验室里实践的那种心理学，它主要关注一个人的主观体验，而对外在行为的关注次之。

第三，精神分析关注的是适应性及主体（或自我）如何处理来自外部和内部的刺激。精神分析师们并不一定接受弗洛伊德的涅槃原则，也就是说，他们认为机体努力达到一种均衡，但是这是一种稳定的状态，其中相冲突的刺激取得一种平衡，而不是全部被释放。因此，心灵内部的冲突、互相竞争的刺激如性欲和饥饿之间的冲突，或者心灵不同部分之间如自我和超我的冲突，都是精神分析思想的重要方面。使用压抑、投射、否认和升华等“防范机制”来对付压力的自我的概念同样是精神分析的重要方面。精神分析依然不能很好地解释“刺激饥渴”，即当人被剥夺了刺激的时候，他寻找刺激的需要。

第四，在考虑精神活动的时候，精神分析遵循的是弗洛伊德的决定论。也就是说，他们认为精神事件受因果原则的制约。如果是这样，那么自由意志的空间在哪里？这个问题的答案尚不明确。当然可以说一些歇斯底里症状，如恐惧症和强迫症，其出现是有特定原因的。但是它们的消除一定会使病人拥有更多的选择自由，而选择是一种需要意愿和目的参与的自愿行为。我们承认每个人都受着遗传压力和环境压力的制约，而这在某些方面，如在性取向上限制了我们的选择，但如果我们不去假设我们及他人都能够自行作出决定和进行选择的话，那么社会生活将成为不可能。托马斯·萨斯，一位公认的非正统精神分析师，将精神分析的目标定义为“提高病人对自身和他人的理解，加大其在生活中的选择自由”。

第五，精神分析认为，精神生活的一些方面是意识所不能触及的。尽管这类精神内容会在梦中、神经官能症症状中、口误及精神疾病的一些心理状态中部分显露出来，但是大部分内容只能通过精神分析过程中的核心部分——复原和解释——进入意识中。也许这就是我们目前能界定的，当今所谓的精神分析师所持有的共同信念和理论。

第十二章

精神分析的魅力

弗洛伊德现在已经成为历史人物。我们可以客观地讨论他的成就和局限，既不像一个盲从的信徒那样全盘接受精神分析，也不因为个人抵触或缺乏洞见而完全将其摒弃。弗洛伊德并没有像他最坚定的支持者们所希望的那样，把我们领入期望中的乐土。但是正如欧内斯特·盖尔纳（Ernest Gellner）所说，弗洛伊德的思想产生了如此巨大的影响，它使精神分析“成为讨论人类性格和人际关系的主要术语”。那么，这种巨大影响是怎样产生的呢？原因何在呢？

毫无疑问，弗洛伊德有许多原创的理念。但是，即使是最富创造性的人，他们思想的形成都得益于他们的前辈。那些被誉为引发了思想革命的先驱者们都刚好出现在某些思想已经流传了很长时间，从而新的整合将成为可能并将被广泛接受的时代。人们有时候仍然认为是弗洛伊德创造了潜意识概念。但是，正如L.L.怀特（L.L.Whyte）在《弗洛伊德之前的潜意识》一书中所揭示的，“关于潜意识心理过程的观点，就其许多方面而言，是在1700年左右出现的，到1800年左右成为人们关注的话题，在1900年左右有效地应用于实践中。”潜意识的概念并非弗洛伊德发明，但是是他将其应用于临床，使它具有可操作性。

L.L.怀特列举了众多的哲学家、医生和其他人士，他们曾接受并传播了潜意识过程在人的心灵生活中起着重要作用的思想。对弗洛伊德思想的形成产生最直接影响的人包括德国内科医生C.G.卡勒斯（C.G.Carus，1789—1869)，他是弗洛伊德喜爱的作家歌德的朋友。卡勒斯1846年出版了一部具有广泛影响的书——《心灵》，它是这样开始的：

要了解心灵有意识活动的本质关键在于潜意识领域。这也解释了为什么真正了解心灵的秘密是那么艰难，如果这种了解不是不可能的话。

弗洛伊德收藏的图书中包括卡勒斯的作品，尽管他的名字没有出现在弗洛伊德著作的索引中。

1869年出版《关于潜意识的哲学》的爱德华·凡·哈特曼（Eduard von Hartmann，1842—1906)是弗洛伊德借鉴过的另一位作家。弗洛伊德在1914年为《梦的解析》一书增加的脚注中承认，他们的思想确有相似之处（《弗洛伊德全集英文标准版》，V.528）。

在《自传体研究》一书中，弗洛伊德特别感谢了德国心理学家G.T.费希纳（G.T.Fechner，1801—1887)对其思想形成的帮助。弗洛伊德认为心理机制的主要功能是通过释放扰人的刺激所引发的张力从而恢复平静。他的这个观点便是受了费希纳思想的影响。弗洛伊德在《超越唯乐原则》一书中对费希纳的理论也有提及（《弗洛伊德全集英文标准版》，XVIII.8-9）。

本书第一章提到弗洛伊德对哲学缺乏兴趣。在1925年首次发表的《对精神分析的抵触》一文中，弗洛伊德明确指出：

> 哲学家们对于什么是心灵的理解不同于精神分析。绝大多数的哲学家认为只是有意识的现象属心灵范畴。对他们来

说，有意识的世界与心灵的范畴是重合的。

（《弗洛伊德全集英文标准版》，XIX.216）

这个奇特和不精确的说法与他在同一年写的《自传体研究》一书中的表述很不一致：

即使当我远离了临床观察，我也小心地避免与哲学本身发生接触。这在很大程度上是因为我力所不能……精神分析与叔本华哲学在很大程度上的重合并不能归结于我对其思想的熟悉。叔本华不仅强调了情感的主导地位和性欲的极端重要性，他甚至也意识到了压抑机制的存在。我是在耄耋之年才阅读了叔本华的著作。另外一位哲学家尼采，他的猜想和直觉与精神分析艰辛获得的发现有着惊人的一致。正是因为这个原因我长期以来一直回避他的著作。我更关心的是让我的思想不受纷扰，而并不在意谁先谁后。

（《弗洛伊德全集英文标准版》，XX.59-60）

包括托马斯·曼、菲利普·里夫（Philip Rieff）和亨利·埃伦伯格（Henri Ellenberger）在内的许多作家认为，弗洛伊德受叔本华和尼采的影响之深超出了他所承认或者意识到的程度。曼声称，精神分析的概念相当于把叔本华的理念从形而上学领域移置到了心理学领域。里夫指出，弗洛伊德在《一个幻觉的未来》一书中对宗教的攻击与叔本华的《关于宗教的对话》的观点十分相似。还有，弗洛伊德是遵循独树一帜的分析师格罗代克（Groddeck）的建议才采用了尼采原创的“本我”说法。尼采的狄俄尼索斯（Dionysian）和阿波罗（Apollonian）的二元性与弗洛伊德的初级过程、次级过程的二元性极为相似。叔本华和尼采的思想在当时的学术圈中得到了广泛讨论。事实上，弗洛伊德在读大学的时候，有五年时间都是一个维也纳德国学生读书社的成员，萨洛韦（Sulloway）把这个读书社描述成“一个激进的泛德国组织，在这个组织中叔本华、瓦格纳和尼采的观点得到热烈的讨论”。

每一个关注思想探索的作家都曾有这样的尴尬经历：自认为是自己原创的思想出现在了另一位作者的著作中，而他早已忘记曾读到过这部作品。如果弗洛伊德有时将并非他原创的思想宣布为自己的原创，那么他是在不自觉地实践他关于潜意识的愿望实现倾向的理论，而不是有意欺骗。

人们经常将弗洛伊德与达尔文和马克思相提并论，认为他是20世纪使人类对自身看法产生巨变的三个有独创性的思想者之一。即便在弗洛伊德去世60年之后，人们对有关他和他的理论的书籍的兴趣仍然经久不衰，这无疑证明了他广泛的影响力。在20世纪初，当弗洛伊德关于心灵的主要理论形成之时，达尔文的进化论和人类起源理论也刚获人们接受不久。达尔文通过证明人类只是进化程度最高的灵长类动物，而不是一种特殊的造物，为一门新心理学的兴起铺平了道路。这门心理学不是基于心灵哲学、感知、条件反射或者人的精神素质的心理学，而是基于人类与动物的亲缘关系的心理学。当时，构建一种基于“本能”的心理学的时机已成熟，基于“本能”即指基于基本的生物力量或者人和动物的行为的“驱力”，这其中性当然是最为重要的因素之一。

达尔文甚至得出结论说，语言，作为人类特有的社会交往形式，是起源于求偶时发出的表达情感的喊叫，它逐渐演化成能够表达更加复杂情绪的词语。正如弗兰克·萨洛韦在他的《弗洛伊德，心灵的生物学家》一书中指出的，是达尔文“指出了生存和繁衍本能的生物学重要性，为医学界展示了一个动态的、二元的本能范式，它似乎包含了所有的有机行为”。

达尔文对人类与其他动物的亲缘关系的揭示动摇了人类的自尊。弗洛伊德则因宣称人类远不像其所想象的那样能够主宰自己的心灵世界而进一步将人类的自尊击碎。智力的声音也许是持久和柔和的，但是人类受情绪和非理性的控制之深远远超出他们普遍意识到的程度。弗洛伊德还断言，人类在艺术和哲学领域所取得的最高成就也不过是原始本能的升华而已。

达尔文对人类的描述是“还原性”的，他不仅破除了人类是上帝的特殊造物的观念，而且还倾向于把高度复杂的人类行为还原到简单的生物源头。弗洛伊德所做的也是一样，精神分析得以广泛传播的一个原因就是它看上去与这个新生物学理论相一致。如弗洛伊德自己承认的，达尔文深深影响了他。

弗洛伊德生活的时代也是物理学家们开始认识物质结构的时代。19世纪90年代发现了电子，不久后又发现了一系列亚原子微粒。可以不夸张地说，20世纪初，科学的理解等同于将结构还原到基本成分，包括对心灵的还原。这也许解释了为什么精神分析的一些缺陷在当时被忽略了或者被视而不见。正如前面提到的，弗洛伊德试图从婴儿性欲升华和逃避现实的幻想角度去解释艺术和宗教，但这个尝试是非常不成功的。弗洛伊德纯粹的还原性立场忽视了任何对合成的考虑，没有考虑从明显的分离体中创造新的整合体的需求，没有考虑格式塔心理学，或者凯斯特勒（Koestler）后来提出的“异缘联想”。弗洛伊德还遗漏了对认知发展的研究，也没有从核心家庭内部的心理性欲发展的角度之外定义社会的发展。当弗洛伊德成功地将精神还原为物质，还原为他所坚持的“不可或缺的有机基础”后，他才觉得他的理论拥有了坚实的基础。

这种不妥协的还原主义具有相当大的情感魅力。任何所谓具有“科学性”、通过还原成几个基本元素而提供一种对人性的新理解的思想体系，都很可能吸引那些骄傲地自认为是坚定的现实主义者，不被利他主义、自我牺牲、无私的爱或者伦理高论所蒙蔽的人。弗洛伊德是把人类所有的奋斗作最简化处理并找到共性的专家。可以恰当地说，这种诊疗技术也体现出了犹太幽默的特点。那些把精神分析当作涵盖一切的、解释人类行为的体系的人，不仅倾向于为自己激进的现实主义而自豪、为掌握别人所不能掌握的知识而自豪，而且在运用该知识时通常以一种近似于史蒂文·波特（Stephen Potter）描述的“高人一筹”的方式：“我对任何事情的理解都比你强；你是神经官能症患者，但我有真知灼见。”这种心理发展到极端时就会导致前文提到的，出现在弗洛伊德和布列特对伍德罗·威尔逊的传记描述中的“人格扼杀”。

精神分析经常被说成是一种宗教，部分上是由于学派内部的争论异常激烈，常常导致反叛者脱离组织，成立对立学派或者组成分裂的小派别，就像宗教派别之间的争斗一样。弗洛伊德一直否认精神分析提供了一种世界观，而且在他的《精神分析入门新课程》的最后一部分强调说，精神分析没有背离科学的标准，它是用科学的眼光审视世界。但是，除了为数不多的严格遵从弗洛伊德思想的人士之外，几乎所有人都认为精神分析远不是一门科学，因为其理论不可以公开反驳，并且不能够用于预测，但是精神分析无疑提供了一个信仰体系。

在精神分析的早期阶段，尽管它的异端分子如阿德勒、施特克尔、荣格、兰克以及许多其他的人没有受到折磨和处决，而只是被称为神经质者和精神病而遭到了人格暗杀。一些用来描述这些异端分子的语言几乎是令人难以置信的放肆。当今，在英国精神分析协会里，以前互相争斗的派系之间暂时处于休战状态，但这是一种武装停火；私下里，协会中分属三个派系的精神分析师们相互之间常常恶语相向。那种认为只有自己学派才是精神分析“真理”的捍卫者的错觉，今天依然遗憾地存在着。

正如前面提到的，弗洛伊德倾向于从对婴儿的性欲研究中找寻对人类的求知欲和人类对知识的热望的解释，而不能接受人类可能具有与许多其他物种相似的、喜好探索的特性的说法。也许，这种想法是来自他对自己儿时的记忆。弗洛伊德在小时候曾出于好奇窥探他父母的卧室，但是被愤怒的父亲勒令离开。弗洛伊德当然对知识有着强烈的渴求，有着从令人迷惑的精神现象的迷宫中寻找出路的巨大动力。他攻击哲学的原因是他认为哲学不同于科学，哲学试图展现一个过于连贯、没有空白的宇宙的图景。而且，他还宣称，哲学只能引起为数不多的知识分子的兴趣，其他人几乎都无法理解。然而，弗洛伊德并没有只局限于对神经官能症进行解释分析。正像我们所看到的，从精神分析伊始，他就力图创立一个完整的理论系统，不仅用这个体系去解释所有形式的精神疾病，还去解释宗教、艺术、文学、幽默、人类的进化和人的社会组织。精神分析的魅力，正是源自它所声称的如此巨大的解释能力。精神分析已发展成为一种运动而不只是治疗神经官能症的医疗方法。精神分析不具有宗教通常具有的许多特征，但是在一个世俗的时代，在一个人们如果不皈依旧式信仰就会感到没有根基和安全感的时代，精神分析提供了一个人们能欣然接受的解释体系。

同时，精神分析把经弗洛伊德本人或者他的弟子们，或经他的弟子的弟子们分析过的人们联系在了一起，结成了一个带有神秘色彩的兄弟会。精神分析理念中的相当一部分似乎都依赖于口头传承而不是书面记述。精神分析，起码在最初期，似乎提供了一种世俗的拯救方式。而且，如果病人的情况没有出现好转，或者受训者没有心悦诚服地接受弗洛伊德定立的原则，精神分析师们往往能够说服他们，使他们相信这是他们的错，而不是理论体系的错。这是所有深奥的信仰体系的典型特点，无论是普利茅斯兄弟会还是统一教团都具有此特点。

图15　1922年，弗洛伊德与秘密委员会成员。

精神分析能被广泛接受，要得益于弗洛伊德出色的、极具说服力的写作能力。即使是他所倡导的理念经不起仔细推敲，阅读他的著述，哪怕是翻译版本，仍然是一种愉悦的体验。我想不出其他任何一个阐述精神分析的作者能与弗洛伊德匹敌，尽管我想得出许多故弄玄虚、文字艰深晦涩者。试图把精神分析与语言学联系在一起的法国革新派精神分析学家雅克·拉康（Jacques Lacan）就是最典型的例子。但是当一个作者将优雅的文风、强大的说服力以及对自己理论的笃信融合在一起的时候，要抵制他是很困难的。弗洛伊德经常因其灵活变通及愿意随着精神分析的发展去修改自己理论而受到追随者们的称赞。但是，精神分析运动的历史也目睹了弗洛伊德对反对意见的不容。尽管他本人也许会修改或发展他的理论，但是可能除了忠诚于他的委员会成员，包括卡尔·亚伯拉罕和厄恩斯特·约内斯在内的少数几个圈内人士外，他不允许任何人这样做。在对自己的理论深信不疑这一点上，弗洛伊德与他的最严厉的抨击者、科学哲学家卡尔·珀普（Karl Popper）很相似。有意思的是，珀普与弗洛伊德在攻击自己对手时，采用的是相同的对抗战术。

弗洛伊德对其基本理念正确性的坚信大大增强了他对众多追随者的吸引力，尽管他的这种自信有悖于真正的科学立场。大多数人都十分愿意追随表现出十足自信的领袖人物，因为这样做能使他们消除伴随不确定的焦虑，省却思考的力气。我们不难从近代政治中找到具有类似自信的领袖人物的例子，不管这种自信的基础有多么狭隘。正像诺曼·科恩（Norman Cohn）在《千年的追求》一书中所展示的，对自己的坚信使那些远不像弗洛伊德那样具有原创力和感染力的人也闪耀着魅力。

弗洛伊德的理论使西方人对从前视为美德的行为产生了怀疑，而这又常常导致不幸的后果。在1900年，一个表现出利他主义和自我牺牲的人会被认为是“好人”。自弗洛伊德理论出现以后，人们倾向于怀疑毫不利己是一种受虐狂式的自我惩罚，而利他主义则隐藏着一种施舍的愿望。利他和慷慨仍然是美德，但是弗洛伊德的理论使得那些不愿意培养这些品质的人能够更加容易地为自己辩解。禁欲曾经是受称赞的，现在一律被看作是隐藏的性变态，或者是某种可鄙的性逃避，而不再被看作是自我控制或者优秀精神品质的体现。与今天相比，维多利亚时代的人即使不对同性恋行为，也对同性恋情结有着更高的容忍度。丁尼生（Tennyson）纪念他挚爱的知己阿瑟·哈勒姆（Arthur Hallam）之死的长篇组诗《悼念》今天可能将不能出版，除非这出自一个公开承认自己是同性恋的诗人之手。那些像丁尼生一样的异性恋者，在表达对同性伙伴的炽热情感方面所被给予的自由空间则比从前要小。弗洛伊德声称每一个人在某个层面上都是双性恋者，这个观点似乎有些怪异。然而，从整体上说，精神分析使人们增进了对于那些不遵循传统性模式的人的理解和容忍。也许，性并不像弗洛伊德认为的那样是主要的内驱力，但是他的巨大贡献却在于揭开了维多利亚时代假道学的面具并使性成为一个能够被公开和严肃讨论的话题。

弗洛伊德的理论还在其他方面提高了人们的包容度。弗洛伊德坚持认为，神经官能症的萌芽出现在早幼时期，我们因此对于儿童的情感需求有了更多的关注，在儿童作出反社会行为时，我们也更倾向于去试图理解他们，而不是加以惩罚。我们对待罪犯的态度也更宽容。尽管我们对于惯犯依旧没有什么办法，但是我们更加清醒地意识到，严刑酷罚既起不到威慑作用也不会使罪犯得到改造。人们更倾向于认为反社会行为也许反映的是与社会的疏离或者是绝望的情感，而不是先天的邪恶。

尽管精神分析在治疗神经官能症方面并不能证明比其他形式的心理疗法更为有效，但是弗洛伊德花大量时间倾听精神压抑者的诉说的方法，给源自精神分析的所有心理疗法都带来了巨大裨益。正如前面提到的，即使那些没有完全消除症状的人也能够对自我有更深刻的了解，感到被人接纳，而这是他们之前可能从没有经历过的。具有讽刺意味的是，弗洛伊德对于调查的热忱和对治疗的缺乏热情却促成了他留给后人最重要的遗产，即精神分析技术的诞生。每个人都能给悲痛中的人提出“好建议”。但是，是弗洛伊德教会了我们如何去倾听。

弗洛伊德对精神分析领域之外的探索看上去大多不被认可。只有特别坚定的弗洛伊德派支持者才能接受弗洛伊德对宗教、人类学或艺术的看法。我们甚至可以这样说，如果弗洛伊德没有试图用他的理论去解释除了神经官能症、性变态和精神病以外的事物的话，那么精神分析的地位可能会更高。但是，鉴于弗洛伊德决心构建的是一个不仅适用于神经官能症患者而且也适用于正常人的心理学体系，或许他的上述做法是不可避免的。我们在此有必要重述第一章中提到的布罗伊尔的结论：

> “弗洛伊德的思考和表述往往是绝对的和排他的：这是一种精神需要，在我看来，这种需要导致了过度概括。”

我们可以肯定地说，即便弗洛伊德提出的每一个观点都能被证明是错误的，我们仍然应感激他。尽管精神分析不属于物理和化学那样的“硬”科学类别，但是思想发展的历史表明，只要可以说我们对自身和世界的理解增强了，那么这种进步就遵循了珀普宣称的科学发展的规律，即通过驳斥现存假设取得进步。弗洛伊德极具创造力。他确实给我们的思维方式带来了一场革命。他提出了数量可观的假设，这些假设即便是错的，也值得我们去认真思考和仔细辩驳。艾森克认为精神分析不值得我们关注，因为它是不科学的。梅达沃称精神分析是一个“智力信心方面惊人的把戏”。然而，既然精神分析对我们的思维产生了如此不容忽视的影响，它一定与我们内心深处的某些东西发生了共鸣。最起码，精神分析值得我们去深度地批判研究，而不应简单地予以摒弃。也许“狼人”的以下评论是恰如其分的。

“弗洛伊德是一个天才，这无可否认。他将那么多的理念纳入了一个体系中……即使很多理念并不正确，但这仍是一项光辉的成就。”

图16　1938年，阅读手稿的弗洛伊德。